ENGLISH G

access

AF197087

1|2

GRAMMAR AND SKILLS

Nachschlagen und üben

Cornelsen

Lieber Schüler, liebe Schülerin,

dieses Buch besteht aus drei Teilen:

· einem **Skills**-Teil, in dem wichtige **Lern- und Arbeitstechniken** vorgestellt und erläutert werden (S. 6 – 15),

· einem **Grammar**-Teil, in dem der **Grammatikstoff der ersten beiden Lernjahre** erklärt wird (S. 16 – 65),

· einem **Exercise**-Teil, in dem du **Übungen zu den Grammatikthemen** findest (S. 66 – 107).

Wie findest du, was du suchst?

1. Im **Inhaltsverzeichnis** auf den **Seiten 4 – 5** siehst du, auf welcher Seite eine bestimmte Lern- oder Arbeits-technik („Skills") beschrieben wird und auf welcher Seite ein bestimmtes grammatisches Thema („Grammar") behandelt wird:

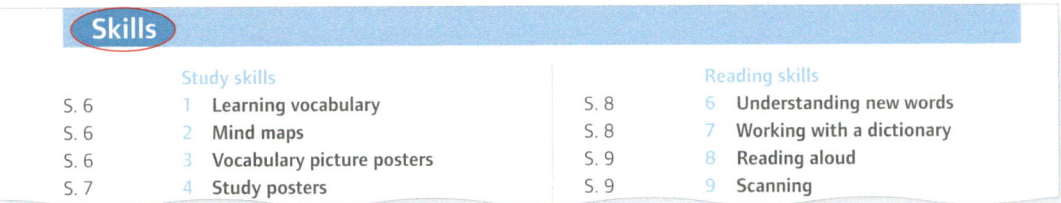

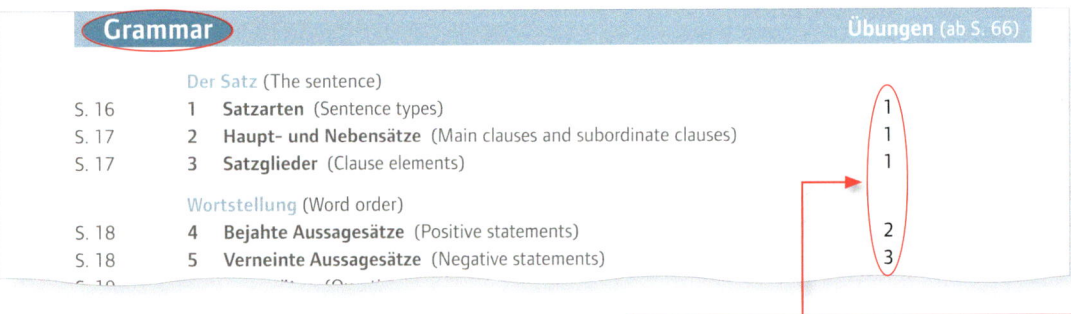

Rechts neben dem grammatischen Thema steht, welche **Übung aus dem Übungsteil** zu diesem Grammatikthema gehört.

2. Wenn es um Grammatik geht, kannst du auch im **Stichwortregister** auf den **Seiten 109 – 111** nachschlagen. Dort sind alle grammatischen Themen sowie einzelne wichtige englische und deutsche Wörter **alphabetisch** aufgelistet, und du siehst sofort, in welchen Abschnitten des Grammar-Teils du etwas zu deinem gesuchten Begriff findest:

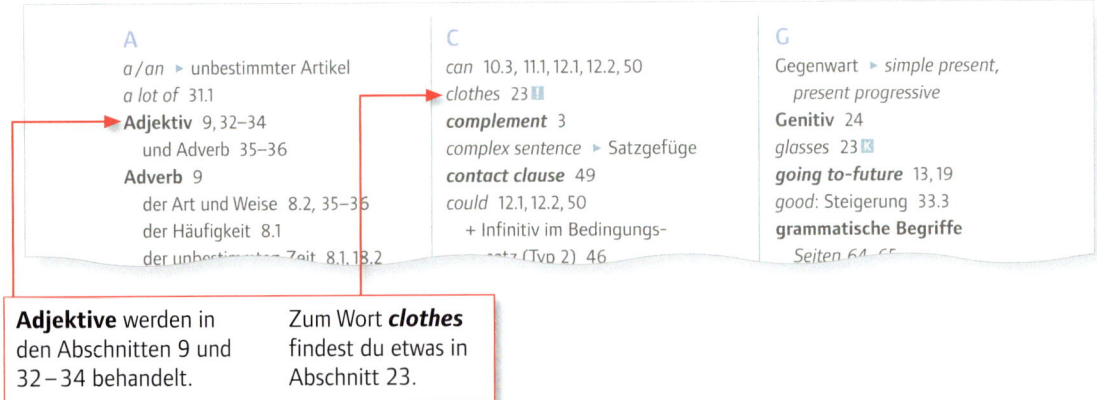

Adjektive werden in den Abschnitten 9 und 32 – 34 behandelt.

Zum Wort **clothes** findest du etwas in Abschnitt 23.

Was bedeuten die Symbole und Verweise?

Im Grammar-Teil:

11 **Die modalen Hilfsverben** (The modal auxiliaries) ⓤ S. 70–71: 10–14

11.1 can („können", „dürfen") 1 : 1

> Die Ziffern sagen dir, wo dieses Thema in deinem Lehrwerk *English G Access* behandelt wird – hier: Band 1, Unit 1.

> Hier steht, welche Übung zu diesem Thema gehört – hier: Übungen 10 bis 14 auf den Seiten 70 und 71 dieses Buches.

Can I feed the horses? – Yes, you can. / No, you can't.
Kann/Darf ich die Pferde füttern?

(Langform: *cannot*)

K *My sister can play the piano.*

> Mit „K" wie „Kontrast" wird auf wichtige Unterschiede zwischen dem Englischen und dem Deutschen hingewiesen.

❗ Im Englischen stehen Modalverb und Vollverb direkt hintereinander.

▶ *mustn't* („nicht dürfen"): 11.5 / „können": 12.1 / „dürfen": 12.2

> Dieser Pfeil verweist auf andere Abschnitte im Grammar-Teil, in denen du weitere Informationen zum gerade behandelten Thema findest.

... y. / Yes, of course.

Wenn du besonders höflich um Erlaubnis bitten willst, verwendest du *May I …? / May we …?*

2 **EXTRA** **Frageanhängsel** (Question tags) ⓤ S. 86: 50

2 : 5

> Mit **EXTRA** gekennzeichnete Abschnitte musst du nur dann bearbeiten, wenn ihr das Thema auch im Unterricht behandelt habt. Wenn du nicht sicher bist, frag deinen Lehrer/deine Lehrerin.

Frageanhängsel wie *aren't you?, is it?, can't we?* werden häufig in der gesprochenen

Und im Exercise-Teil:

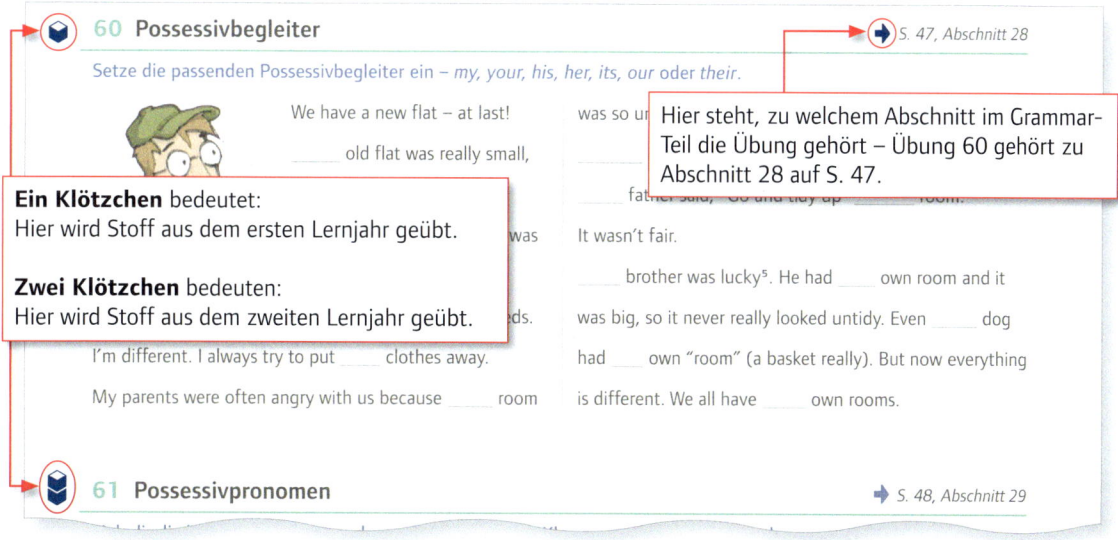

60 **Possessivbegleiter** ➡ *S. 47, Abschnitt 28*

Setze die passenden Possessivbegleiter ein – *my, your, his, her, its, our* oder *their.*

We have a new flat – at last!

_____ old flat was really small,

was so un ...

> Hier steht, zu welchem Abschnitt im Grammar-Teil die Übung gehört – Übung 60 gehört zu Abschnitt 28 auf S. 47.

_____ father said, "Go and tidy up _____ room."

> **Ein Klötzchen** bedeutet:
> Hier wird Stoff aus dem ersten Lernjahr geübt.
>
> **Zwei Klötzchen** bedeuten:
> Hier wird Stoff aus dem zweiten Lernjahr geübt.

was It wasn't fair.

_____ brother was lucky[5]. He had _____ own room and it

...ds. was big, so it never really looked untidy. Even _____ dog

I'm different. I always try to put _____ clothes away. had _____ own "room" (a basket really). But now everything

My parents were often angry with us because _____ room is different. We all have _____ own rooms.

61 **Possessivpronomen** ➡ *S. 48, Abschnitt 29*

> **Übrigens**:
> Ob du die Übungen im Exercise-Teil richtig gelöst hast, kannst du unter **www.cornelsen.de/codes** mit dem Webcode **yihego** nachsehen.

Skills

Grammar · Übungen (ab S. 66)

STUDY SKILLS

SF 1   Learning vocabulary

Worauf sollte ich beim Lernen von Vokabeln achten?

- Führe dein Vokabelheft, dein Vokabelverzeichnis oder deinen Karteikasten aus Klasse 5 weiter.

- Lerne immer 7–10 Vokabeln auf einmal.

- Lerne neue und wiederhole alte Vokabeln regelmäßig.

- Lerne die Vokabeln mit jemandem zusammen. Fragt euch gegenseitig ab.

- Gut behalten kannst du Wortschatz besonders mit diesen Techniken:
  - Gegensatzpaare bilden, z.B. *rainy – sunny, happy – sad*
  - Wörter in Wortfamilien zusammenfassen,
    z.B. *(to) sing – singer – song*
  - Wörter in Wortfeldern sammeln – dabei schreibst du alle
    Wörter unter Oberbegriffen *(umbrella words)* auf.

rainy   sunny   happy   sad

- Finde heraus, welcher Lernertyp du bist. Wie kannst du am besten Vokabeln lernen? Durch Hören, durch Bilder, am Computer (z.B. mit deinem e-Workbook) oder indem du dir eine eigene Geschichte um die neuen Vokabeln ausdenkst? Nutze diese Techniken häufig.

subjects	sports	animals
English	tennis	elephant
Maths	football	cat
…	…	…

SF 2   Mind maps

Wozu dienen Mindmaps?

Mithilfe von Mindmaps kannst du Ideen sammeln und ordnen.

Wie mache ich eine Mindmap?

- Schreibe das Thema in die Mitte eines leeren Blattes.
- Überlege dir Oberbegriffe zu deiner Sammlung von Ideen.
  Verwende unterschiedliche Farben für diese Hauptäste.
- Ergänze jede Idee, die zu einem Oberbegriff passt, auf einem
  Nebenast. Nimm dafür nur Schlüsselwörter. Du kannst statt
  Wörtern auch Symbole verwenden und Bilder ergänzen.

SF 3   Vocabulary picture posters

Vokabelposter können dir helfen, Wortschatz zu bestimmten Wortfeldern
bildhaft zu veranschaulichen, damit du ihn dir besser merken kannst.

Wie mache ich ein Vokabelposter?

- Sammle Vokabeln zu deinem Wortfeld, z.B. in einer Mindmap, einer Tabelle
  oder in einer Liste.
- Überlege, welches Bild dir zu einem Wortfeld einfällt, z.B. ein Instrument zum
  Thema *music* oder der Umriss einer Landkarte für geografische Begriffe.
  Dieses Bild kann den Rahmen für dein Poster bilden.

- Zeichne dein Bild groß auf ein Poster und schreibe alle Wörter, die dir zu dem Wortfeld einfallen, in das Bild. Schreibe groß und gut leserlich.
- Hänge dein Poster an die Wand in deinem Zimmer oder präsentiere es in deiner Klasse.

SF 4 Study posters

Lernplakate sind ein gutes Hilfsmittel, um wichtige Dinge wie etwa Grammatikregeln darzustellen und sie sich so besser zu merken.

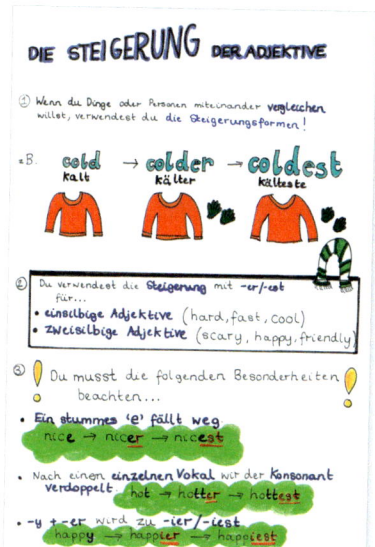

Was muss ich beachten, wenn ich ein Lernposter erstelle?

- Schreibe wichtige Informationen zu deinem Thema auf.
- Suche alle Informationen heraus, die du auf dem Poster darstellen willst.
- Überlege, wie du das, was du dir merken willst, am besten darstellen kannst. Du kannst z.B. Kästen oder Tabellen verwenden.
- Finde einen guten Titel für dein Plakat.
- Gestalte dein Plakat. Schreibe groß und gut leserlich.
- Hebe wichtige Punkte hervor, z.B. durch Unterstreichen oder durch unterschiedliche Farben. Verwende aber nicht zu viele verschiedene Farben – sonst wird dein Lernposter unübersichtlich.
- Wenn du ein Lernposter zu einer Grammatikregel machst, kannst du auch ein paar Beispielsätze aufschreiben.
- Häng dein Poster zu Hause oder in der Schule an einer Stelle auf, an der du es häufig siehst.

SF 5 Making notes with a crib sheet

Ein Spickzettel hilft dir, wenn du
- jemandem von einem Erlebnis oder über ein Thema berichten möchtest.
- einen kleinen Vortrag halten oder möglichst frei vor Zuhörern sprechen möchtest.

Was muss ich beachten, wenn ich einen Spickzettel erstelle?

Sei ruhig kreativ. Dein Spickzettel ist nur für dich – wichtig ist, dass **du** verstehst, was du notiert hast. Diese Tipps können dir dabei helfen:

- Verwende nur ein kleines Blatt Papier.

- Schreibe keine ganzen Sätze, sondern verwende immer nur Stichwörter.

- Du kannst Symbole und kleine Zeichnungen verwenden, um den Text so knapp wie möglich zu gestalten. Verwende zum Beispiel:
  - "+" für "and"
  - Smileys für Gefühle, Flaggen für Länder, Strichzeichnungen für Dinge und Personen, über die du schreiben oder sprechen möchtest,
  - Pfeile für Richtungen oder Ortsangaben, eine Sonne für Tag/gutes Wetter usw.

- Arrangiere alles so auf deinem Spickzettel, dass die Reihenfolge der Ereignisse, über die du berichtest, deutlich erkennbar ist.

READING SKILLS

SF 6 Understanding new words

Immer gleich im Wörterbuch nachschlagen?

Unbekannte Wörter im Wörterbuch nachzuschlagen kostet Zeit und mindert auf Dauer die Freude am Lesen. Du kannst unbekannte Wörter oft auch ohne Wörterbuch verstehen, wenn du diese Hinweise beachtest:

Hmm, „insect" heißt dann vielleicht „Insekt", oder?

- Viele englische Wörter werden ähnlich wie im Deutschen geschrieben oder klingen ähnlich, z.B. *discussion, statue, insect*. Ihre Bedeutung kannst du leicht erschließen.

- Du kannst englische Wörter auch verstehen, weil sie einem Wort aus einer anderen Sprache ähnlich sind, z.B. *voice (French: voix; Latin: vox)*.

- In manchen unbekannten Wörtern stecken bekannte Teile, z.B. **sun**shine, **bottle open**er.

- Bilder zum Text zeigen oft Dinge, die du im Text vielleicht nicht verstehst. Schau dir deshalb vor dem Lesen alle Bilder genau an.

- Wörter im Umfeld des unbekannten Wortes können dir helfen, die Bedeutung zu erschließen, z.B. *Let's hurry. The train **departs** in ten minutes.*

- Manchmal gibt es in einem der nächsten Sätze ein Wort mit der gleichen Bedeutung wie das, was du nicht verstehst, z.B. *He picked up a **pebble**. The small stone was red and black.*

SF 7 Working with a dictionary

Du verstehst ein Wort nicht und kannst es auch nicht erschließen? Du brauchst ein englisches Wort, das dir nicht einfällt? Dann helfen dir die *Dictionaries* im Anhang deines Englischbuches weiter.

Wie benutze ich das *Dictionary*?

Denk daran:

- Stichwörter sind alphabetisch geordnet: **n** vor **p**, **ph** vor **pl** usw.

- Die Ziffern 1., 2. usw. zeigen, dass ein Stichwort mehrere Bedeutungen hat.

- In eckigen Klammern steht, wie das Wort ausgesprochen und betont wird.

- Die Zahlen hinter der deutschen Übersetzung geben an, wann eine Vokabel zuerst vorgekommen ist: **I** – Band 1; **II 5 (84)** – Band 2, Unit 5, Seite 84

- Zusammengesetzte Wörter und längere Ausdrücke findest du oft unter mehr als einem Stichwort, z.B. *get on a plane* unter **get** und unter **plane** und *in einen Klub eintreten* unter **eintreten** und unter **Klub**.

- Der Pfeil ▶ verweist auf Kästen im *Vocabulary*, in denen du weitere Informationen zu dem Wort findest.

Dictionary	English – German

phrase [freɪz] Ausdruck, (Rede-)Wendung I
plan [plæn]:
  1. Plan I
  2. planen II 5 (84)
plane [pleɪn] Flugzeug II 2 (34) **get on a plane** in ein Flugzeug einsteigen II 5 (86) **on the plane** im Flugzeug II 2 (34)
  ▶ S. 185 get
pocket [ˈpɒkɪt] Tasche (Mantel-

Dictionary	German – English

eintreffen arrive [əˈraɪv]
eintreten *(in Zimmer usw.)* enter [ˈentə
in einen Klub eintreten join a club [dʒɔɪn]
Eintrittskarte ticket [ˈtɪkɪt]
einziehen move in **in ein Haus einziehen** move into a house
  ▶ S. 197 (to) move

SF 8 Reading aloud

Warum laut lesen?

Lautes Lesen hilft dir, Texte flüssig und mit Ausdruck zu lesen. Damit das auch gelingt, solltest du den Text gut kennen.

Was sollte ich beim lauten Lesen beachten?

- Stelle sicher, dass du den Inhalt des Textes gut verstanden hast. Kannst du Fragen dazu beantworten? Was passiert wem, wann, wo und warum?

- Überlege, was die Personen im Text fühlen. Sind sie fröhlich? Traurig? Ängstlich? Aufgeregt? Wenn du einen Text gut laut vorlesen willst, solltest du versuchen, diese Gefühle mit deiner Stimme und deiner Körpersprache wiederzugeben.

- Sieh dir die Satzzeichen gut an – sie zeigen dir, wo du Pausen machen oder deine Stimme verändern solltest. Bei einer Frage z.B. geht deine Stimme am Ende nach oben, und Kommas und Punkte zeigen dir, wo du eine sinnvolle Pause machen kannst. Es kann hilfreich sein, diese Stellen im Text zu markieren.

- Bevor du einen Text laut vorliest, übe das Lesen leise für dich, bis du ihn möglichst flüssig lesen kannst.

SF 9 Scanning

Wozu ist Scanning gut?

Wenn du in einem Text nach Informationen zu einem bestimmten Thema oder Antworten auf eine Frage suchen sollst, reicht es oft, wenn du den Text nach Schlüsselwörtern (keywords) absuchst und nur dort genauer liest, wo du sie findest.

Wie scanne ich einen Text?

- Bevor du auf den Text schaust, überlege dir mögliche keywords, nach denen du suchen könntest. Es kann helfen, wenn du sie aufschreibst.

- Stell dir dann die keywords gut vor und geh mit deinen Augen sehr schnell durch den Text. Die gesuchten Wörter werden dir sofort „ins Auge springen".

- Du kannst auch mit dem Finger in breiten Bewegungen wie bei einem „S" von oben bis unten durch den Text gehen. Wenn du deine keywords gefunden hast, lies dort weiter, um Näheres zu erfahren.

SF 10 Taking notes

Worum geht es beim Notizen machen?

Wenn du beim Lesen oder Zuhören Notizen machst, kannst du dich später besser daran erinnern, wenn du etwas vortragen, nacherzählen oder einen Bericht schreiben sollst.

Wie mache ich Notizen?

In Texten oder Gesprächen gibt es immer wichtige und unwichtige Wörter. Die wichtigen Wörter sind sogenannte Schlüsselwörter *(keywords)*, und nur die solltest du notieren. Meist sind das Substantive und Verben, manchmal auch Adjektive oder Zahlen.

Folgende Punkte können dir auch helfen:

· Verwende Ziffern (z.B. „7" statt „seven").

· Verwende Symbole und Abkürzungen, z.B. ✓ („yes") und + („and"). Am besten erfindest du eigene Symbole.

· Bei Verneinungen verwende „not" oder streiche Wörter durch.

Da hab ich wohl ein paar Symbole zu viel benutzt …

SF 11 Marking up a text

Wann sollte ich einen Text markieren?

Manchmal sollst du einen Sachtext lesen und hinterher zu einem Thema daraus etwas sagen oder bestimmte Fragen dazu beantworten. Dann kann es dir helfen, wichtige Informationen für deine Aufgabenstellung im Text zu markieren.

Wie gehe ich am besten vor?

· Lies dir die Aufgabe genau durch.

· Lies den Text und markiere nur Informationen, die für deine Aufgabe wichtig sind. Nicht jeder Satz enthält Wichtiges, und oft reicht es aus, nur ein oder zwei Wörter in einem Satz zu markieren.

· Hebe wichtige Informationen hervor, z.B. durch Unterstreichen, Einkreisen oder Markieren mit einem Textmarker.

· Wichtig: Markiere nur auf Fotokopien von Texten oder in deinen eigenen Büchern.

Dartmoor ponies
There are about 3,000 ponies on Dartmoor. Most of the year they live on the open moor. New foals – baby ponies – are born in the spring. In autumn, groups of farmers round up the ponies and take them back to the farms.
There they count and check them and then sell some – mostly as children's ponies. All the others go back to the open moor again and spend the winter there. The cold winter is too hard for other kinds of ponies, but the Dartmoor pony is a very strong animal.

LANGUAGE SKILLS

SF 12 Mediation

Wann brauche ich Mediation?

Hier sind einige Situationen, in denen es sein kann, dass du zwischen Deutsch und Englisch vermitteln musst:

- Du fährst z.B. mit deiner Familie nach Großbritannien, und deine Großeltern, Eltern oder Geschwister wollen wissen, was jemand in einem Café gesagt hat oder was an einer Informationstafel steht.

- Wenn du eine/n Austauschschüler/in aus England (oder einem anderen Land) bei dir zu Hause zu Gast hast, kann es sein, dass er/sie wenig Deutsch spricht und deine Hilfe braucht.

- In Klassenarbeiten musst du manchmal in einem englischen Text gezielt nach Informationen suchen und diese auf Deutsch wiedergeben. Oder du sollst Informationen aus einem deutschen Text auf Englisch wiedergeben.

Worauf muss ich bei Mediation achten?

Übersetze nicht alles wörtlich und gib nur das Wesentliche wieder. Du kannst Unwichtiges weglassen und Sätze umformulieren.

Well, let's go to the show by car. We can't walk there because of the children. They can't walk so far.

Er will mit dem Auto fahren. Die Kinder können nicht so weit laufen.

SF 13 Writing

Worauf muss ich beim Schreiben von Texten achten?

- Wenn du einen Text schreibst, in dem du eigene Gedanken darstellst, dann kann es hilfreich sein, wenn du dir vorher ein paar Notizen machst.

- Dein Text sollte aus drei Teilen bestehen: einer Einleitung, einem Hauptteil und einem Schluss. Diese drei Teile sollten klar erkennbar sein. Den Hauptteil kannst du unterteilen: jeder Abschnitt enthält eine neue Idee oder einen neuen Aspekt des Themas, über das du schreibst.

- Schreibe nie aus Vorlagen ab, sondern verwende immer deine eigenen Worte.

- Dein Text wird interessanter, wenn du Adjektive oder Adverbien verwendest, um Dinge, Handlungen oder Personen näher zu beschreiben.

- Wenn du fertig bist, dann lies deinen Text noch einmal gründlich durch und kontrolliere ihn auf Fehler. Oder lass deinen Text von einem Partner/einer Partnerin checken.

SF 14 Listening

Im Unterricht kann es schwer sein, einem Hörtext zu folgen, weil du die Sprecher nicht sehen kannst und du dich auch noch auf die Aufgaben zum Hörtext konzentrieren musst. Die folgenden Tipps können dir helfen.

Was mache ich vor dem Hören?

- Schau dir die Aufgabenstellung genau an. Was sollst du heraushören?

- Oft findest du zum Text Überschriften und Bilder, die schon einige Fragen beantworten: Wer spricht mit wem, wo sind sie, worüber reden sie?

- Überlege, was du selbst zum Thema schon weißt und welche englischen Begriffe im Gespräch fallen könnten.

Worauf sollte ich während des Hörens achten?

- Lass dich nicht verwirren, wenn es mehrere Sprecher gibt. Versuche dann, die jeweiligen Stimmen einer Person zuzuordnen.

- Wie reden die Menschen miteinander? Gibt es einen, der den Ton angibt, oder einen, der besonders ärgerlich oder traurig klingt?

- Höre gezielt auf die Hintergrundgeräusche – findet das Gespräch z.B. am Strand, auf der Straße oder in der Schule statt?

- Einiges wirst du nicht verstehen – keine Sorge, das ist nicht schlimm. Wichtiger ist, was du alles verstanden hast. Oft ergibt sich dann der Rest.

Und nach dem Hören?

- Wenn möglich, vergleiche mit einem Partner/einer Partnerin, was ihr verstanden habt.

- Wenn du einen Text ein zweites Mal hören darfst, notiere dir nach dem ersten Hören kurz, worauf du beim zweiten Hören besonders achten willst.

- Wenn dir die eine oder andere Frage bei der Beantwortung noch Schwierigkeiten macht, dann hilft oft schlaues Raten und Kombinieren.

SF 15 Speaking

Worauf kommt es in Gesprächen an?

Lies die beiden Dialoge. Welche Unterschiede erkennst du?
Wodurch entstehen sie?

Jen: Hi.
Ben: Hi.
Jen: It's a great parade.
Ben: Yeah.
Jen: Do you like the bands?
Ben: No.
Jen: The food smells good.
Ben: Yeah.
Jen: Do you want some too?
Ben: All right.
Jen: Do you live in Plymouth?
Ben: No.
Jen: …

Ed: Hi there, great parade, isn't it?
Jo: Yeah, I didn't know it was this big.
Ed: Is it your first time here, then?
Jo: That's right, I'm new in Plymouth.
Ed: Okay, so did you come here for the day?
Jo: Yeah, we arrived early this morning …
Wow, that food smells good.
Ed: Are you hungry? Look, my friends have this pasties stall over there. Do you want to try one?
Jo: Okay, yes please.
Ed: My name's Ed, by the way.
Jo: Hello Ed, I'm Jo.

Was sage ich denn in so einem Gespräch?

Wenn du dich freundlich auf Englisch unterhalten willst, können dir diese
Hinweise helfen:

1 Eröffne das Gespräch mit einer freundlichen Anrede oder Frage.

2 Wenn du etwas gefragt wirst, antworte nicht nur mit einem Wort.

3 Stelle deinem Gesprächspartner/deiner Gesprächspartnerin
ein paar freundliche/interessierte Fragen.

4 Erzähle auch etwas von dir. Das hält das Gespräch
am Laufen.

5 Verabschiede dich am Ende freundlich.

1 *Hi, can I sit here?*
Hello, how are you?
Hi there, are you from Plymouth?

2 *Fine, thanks. / Yeah, sure.*
Yes, I am. / No, not really.

3 *What about you?*
I'm Nick and you are …?
Do you like …?
So what do you think …?

4 *I'm new here in …*
I'm with my friends over there.
I love these …
And I really like …

5 *Bye then.*
See you.
Have a good time!

PRESENTATION SKILLS

SF 16   Giving a presentation

Wie halte ich eine gute Präsentation?

Vorbereitung

- Sammle Informationen zu deinem Thema.
- Wähle eine Form der Präsentation aus, die das Thema gut veranschaulicht (Poster, Folie, Tafel, …).
- Mach dir Notizen, z.B. auf nummerierten Karteikarten.
- Bereite deine Medien vor (Poster, Folie, Tafelanschrieb, …). Schreibe groß und für alle gut lesbar.
- Übe deine Präsentation zu Hause vor einem Spiegel oder vor einem kleinen Publikum (Eltern, Großeltern, Freunde).
- Sprich laut, deutlich und langsam.

Durchführung

- Warte, bis es ruhig ist. Schau die Zuhörer/innen an.
- Erkläre, worüber du sprechen wirst und wie deine Präsentation aufgebaut ist.
- Lies nicht von deinen Karten ab, sondern sprich möglichst frei.

Schluss

- Sage, dass du zum Ende kommst und bedanke dich fürs Zuhören.
- Frag die Zuhörer/innen, ob sie Fragen haben.

SF 17   Describing pictures

Wenn du ein Bild beschreibst, kann es helfen, wenn du die folgenden Hinweise beachtest.

Was?

- Sage zuerst, was du beschreiben willst:
  a photo · a poster · a drawing

Wo?

- Um zu sagen, wo etwas abgebildet ist, benutze:
  at the top/bottom · in the foreground/ background · in the middle · on the left/right

- Du kannst die Redemittel auch kombinieren:
  at the bottom on the left · at the top on the right

- Diese Präpositionen sind auch hilfreich:
  behind · between · in front of · next to · under · over

[photo labels: in the background · at the top · on the left · in the middle · on the right · in the foreground · at the bottom]

Wie?

- Geh bei der Beschreibung in einer bestimmten Reihenfolge vor, z.B. von links nach rechts, von oben nach unten oder vom Vordergrund zum Hintergrund.

SF 18 Presenting a photo

Manchmal sollst du ein Foto vor der Klasse vorstellen. Folgende Hinweise können dir dabei helfen.

Wie stelle ich ein Foto vor?

Wenn du vor anderen über ein Foto sprechen und es vorstellen sollst, dann reicht es nicht, wenn du es nur beschreibst. Am besten gehst du so vor:

1 Stelle das Foto vor und sage, woher es kommt.

2 Beschreibe das Foto *(SF 17: Describing pictures)*.

3 Sage, was dir an dem Foto gefällt oder nicht. Wenn es eine Geschichte zu dem Foto gibt, erzähle sie.

4 Wenn du mit der Vorstellung des Fotos fertig bist, bedanke dich für die Aufmerksamkeit und frage, ob noch jemand Fragen hat.

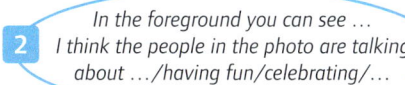

I'd like to talk about this photo of … I found it on the internet/in a magazine/…

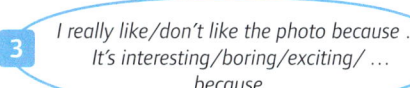

In the foreground you can see … I think the people in the photo are talking about …/having fun/celebrating/…

I really like/don't like the photo because … It's interesting/boring/exciting/ … because …

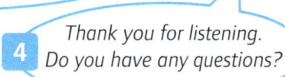

Thank you for listening. Do you have any questions?

SF 19 Peer feedback

Manchmal sollst du im Unterricht Partnern/Partnerinnen eine Rückmeldung zu einer Aufgabe geben. Das nennt man *peer feedback*.

Wozu ist *peer feedback* gut?

Gegenseitige Rückmeldungen sind für dich und deine Partner *(peers)* wichtig, denn
· du kannst jemanden loben für etwas, das er/sie gut gemacht hat,
· du kannst Hinweise geben, wo deine Partner noch Probleme haben,
· du kannst durch die Rückmeldungen selbst lernen, was du schon gut kannst und was du anders machen solltest.

Was muss ich beachten?

Bei deiner Rückmeldung solltest du drei Dinge beachten:

· Halte dich an die Punkte, zu denen du Rückmeldung geben sollst, z.B. die Aussprache, Betonung und Verständlichkeit bei einem Dialog, die Rechtschreibfehler in einem Text, das Einhalten eines roten Fadens in einer Geschichte usw. Begründe deine Einschätzungen.

· Gib deine Rückmeldung mit Respekt – niemand soll sich angegriffen fühlen. Nenne zuerst Gelungenes und mache dann Verbesserungsvorschläge zu Punkten, die noch nicht so gelungen sind.

· Wenn du eine Rückmeldung bekommst, überdenke die Vorschläge gut. Korrigiere die Fehler, die andere gefunden haben, und arbeite an den Stellen nach, wo du eventuell Probleme hattest.

What I liked	What you could do better
You chose a great photo. ☺ You spoke clearly and looked at us. …	Next time, say what is happening in the photo. Sometimes you stood in front of the photo. …

Der Satz (The sentence)

1 Satzarten (Sentence types)

Ü S. 66: 1

Wie im Deutschen gibt es auch im Englischen verschiedene Arten von Sätzen:

Abby has a dog.
She feeds Skip every morning.
Skip is great.

- Mit einem **bejahten Aussagesatz** *(positive statement)* sagst du etwas aus, zum Beispiel was jemand hat, was jemand tut, wie etwas ist.

Lucy doesn't have a brother.
She doesn't like computer games.
She isn't at Coombe Dean School.

- Mit einem **verneinten Aussagesatz** *(negative statement)* sagst du aus, was jemand <u>nicht</u> hat, was jemand <u>nicht</u> tut, wie etwas <u>nicht</u> ist.

Can we meet after school, Maya?

Where can we meet?

- Mit einem **Fragesatz** *(question)* stellst du eine Frage.
  Entscheidungsfragen *(yes/no questions)* sind Fragen, die du mit „Ja" oder „Nein" beantwortest.
  Fragen mit Fragewörtern *(questions with question words)* benutzt du z.B., um zu fragen, <u>wo</u> etwas ist, <u>wer</u> etwas tut oder <u>wann</u> etwas geschieht.

Don't be late, Justin.
And please be careful.

- Mit einem **Aufforderungssatz** *(imperative)* forderst du jemanden auf, etwas zu tun oder nicht zu tun.

What a great book!

- Mit einem **Ausrufesatz** *(exclamation)* bringst du ein Gefühl zum Ausdruck, z.B., dass dich etwas begeistert, überrascht, ärgert oder ängstigt.

Oh no, not that cat again!

▶ *Wortstellung: 4–8*

2 Haupt- und Nebensätze
(Main clauses and subordinate clauses)

 S. 66: 1

I can't play football today.
Sam was very happy.
I know a great disco.

Diese drei Sätze sind einfache **Hauptsätze**.

Satzgefüge (Complex sentence)	
Hauptsatz (Main clause)	**Nebensatz** (Subordinate clause)
I can't play football today	*because I have lots of homework.*
Sam was very happy	*when his team won the match.*
I know a great disco	*where you can dance all night.*

▶ *Wortstellung in Nebensätzen: 7*

Du kannst einen Hauptsatz mit einem **Nebensatz** verbinden – z.B., wenn du einen Grund angeben willst.
Hauptsatz und Nebensatz bilden ein **Satzgefüge**.

3 Satzglieder (Clause elements)

 S. 66: 1

Subject	Verb*	
Lucy	*is singing.*	
My brother	*can't swim.*	

Subject	Verb	Object
Abby	*is feeding*	*Skip.*
Mrs Brown	*can play*	*the piano.*

Subject	Verb	Complement**
Lucy	*was*	*nervous.*
Shopping	*can be*	*fun.*

Subject	Verb	Adverbial
School	*starts*	*at 9 o'clock.*
Abby	*lives*	*in Wembury.*

▶ *Wortstellung: 4–8*

Sätze bestehen aus mehreren Teilen. Diese Teile nennt man **Satzglieder** *(clause elements)*.

Das **Subjekt** *(subject)* bezeichnet die Person oder Sache, über die etwas ausgesagt wird.

Das **Prädikat** *(verb*)* und seine **Ergänzungen** sagen etwas über das Subjekt aus.

Ergänzungen können sein:

- ein **Objekt** *(object)*
- eine **prädikative Ergänzung** *(complement)***
- eine **Umstandsbestimmung**, auch **adverbiale Bestimmung** *(adverbial)* genannt, z.B. Orts- und Zeitangaben.

Morph lives in the library.

* Mit dem Wort **verb** bezeichnet man im Englischen nicht nur die Wortart „Verb", sondern auch das Satzglied „Prädikat".

** Ein Adjektiv oder Nomen, das nach einer Form von *(to) be* steht (im Beispiel oben: *nervous; fun*), bezieht sich auf das Subjekt und wird daher als **(prädikative) Ergänzung zum Subjekt** *(subject complement)* bezeichnet.

Wortstellung (Word order)

4 Bejahte Aussagesätze (Positive statements)   1: 5   Ⓤ S. 66: 2

Subject	Verb	Object
My cat	likes	the sofa.
Sam	can play	basketball.
Justin	is eating	an apple.
The Blackwells	have bought	a new boat.

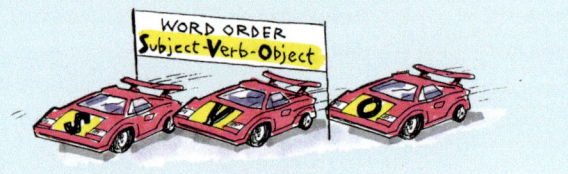

Die wichtigste Wortstellungsregel im Englischen ist **S – V – O**:
subject – verb – object
(Subjekt – Prädikat – Objekt).

Das kannst du dir gut merken, wenn du an die **S**traßenverkehrs**o**rdnung denkst.

> *Vermeide Unfälle – achte auf die* ***S****traßen-****V****erkehrs-****O****rdnung (SVO)!*

K *The Blackwells have bought a new boat.*
Die Blackwells haben ein neues Boot gekauft.

Sam can play basketball.
Sam kann Basketball spielen.

We often play football at the weekends.
Wir spielen am Wochenende oft Fußball.

When Maya comes home, she helps her parents.
Wenn Maya nach Hause kommt, hilft sie ihren Eltern.
At my school we have two teachers from England.
An meiner Schule haben wir zwei Lehrerinnen aus England.

- Auch bei zusammengesetzten Zeiten bleibt die Wortstellung **S – V – O**.
- Modalverb *(can)* und Vollverb *(play)* bilden eine Einheit und dürfen **nicht** durch ein Objekt *(basketball)* getrennt werden.
- Im Deutschen können Adverbien und Zeitangaben zwischen Prädikat und Objekt stehen. Im Englischen nicht!
- Das **Subjekt** steht **vor dem Prädikat**, auch wenn der Satz mit einer Zeit- oder Ortsangabe *(when Maya comes home; at my school)* beginnt.

5 Verneinte Aussagesätze (Negative statements)   1: 5   Ⓤ S. 67: 3

Subject	Verb		Object
	Auxiliary + not	Main verb	
Justin	isn't	singing.	
My sister	can't	play	basketball.
I	haven't	done	my homework.
Mukesh	doesn't	like	sports.

Auch in verneinten Aussagesätzen ist die Wortstellung **S – V – O**.

Das **Prädikat** *(verb)* eines verneinten Satzes besteht aus zwei Teilen:
- **Hilfsverb** *(auxiliary)* + ***not***
- **Vollverb** *(main verb)*.

K *I can't help you.*
Ich kann dir nicht helfen.

Sam doesn't like the Big Wheel.
Sam mag das Riesenrad nicht.

- Wortstellung in Aussagesätzen:
  S – V – O
- In verneinten Sätzen:
  V = Hilfsverb + *not* + Vollverb

► *Verneinung im simple present (don't/doesn't): 14.2*
► *Verneinung im simple past (didn't): 16.2*

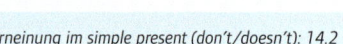

6 Fragesätze (Questions)

Ü S. 67–68: 4–6

6.1 Entscheidungsfragen (Yes/No questions)

Auxiliary	Subject	Main verb	Object / Adverbial
Is	*Mr Skinner*	*working?*	
Can	*you*	*play*	*hockey?*
Have	*you*	*done*	*your homework?*
Do	*you*	*live*	*in England?*
Does	*Maya*	*help*	*her parents?*
Did	*you*	*like*	*the film?*

Entscheidungsfragen beginnen immer mit einem **Hilfsverb** *(auxiliary)*, dann folgt das Subjekt. Die Wortstellung ist also:
Auxiliary – S – V – … .

Vergleiche:
Abby **is** reading (a book).   (Aussagesatz)
Is Abby reading (a book)?   (Frage)

Sam **likes** basketball.   (Aussagesatz)
Does Sam **like** basketball?   (Frage)

K
Can you play hockey?   Kannst du Hockey spielen?
Do you like pop music?   Magst du Popmusik?

▶ *Fragen im simple present (Do …? / Does …?): 14.2*
▶ *Fragen im simple past (Did …?): 16.2*

6.2 Fragen mit Fragewörtern
(Questions with question words)

Question word	Auxiliary	Subject	Main verb	Object / Adverbial
What	*are*	*you*	*doing?*	
Who	*can*	*we*	*ask?*	
Why	*can't*	*I*	*have*	*a computer?*
What	*have*	*you*	*done*	*with your hair?*
When	*do*	*you*	*get up*	*on Sundays?*
Where	*does*	*Abby*	*live?*	
How	*did*	*you*	*get*	*here?*

Auch in Fragen, die mit einem Fragewort beginnen, steht ein Hilfsverb vor dem Subjekt. Die Wortstellung ist also:
Question word – auxiliary – S – V – … .

! **Ausnahme:**
Fragen nach dem Subjekt
▶ *Fragen nach dem Subjekt: 6.3*

K
What **are** you **waiting** for?   Worauf **wartest** du?
Who **did** you **talk** to?   Mit wem **hast** du **geredet?**
Who **is** Skip **playing** with?   Mit wem **spielt** Skip gerade?

! Die Präposition bleibt im Englischen hinter dem Verb stehen – wie im Hauptsatz:
Who did you **talk to**? – I **talked to** Sam.

In Fragen:
do/does/did oder ein anderes Hilfsverb

6.3   Fragen nach dem Subjekt (Subject questions)   2: 1

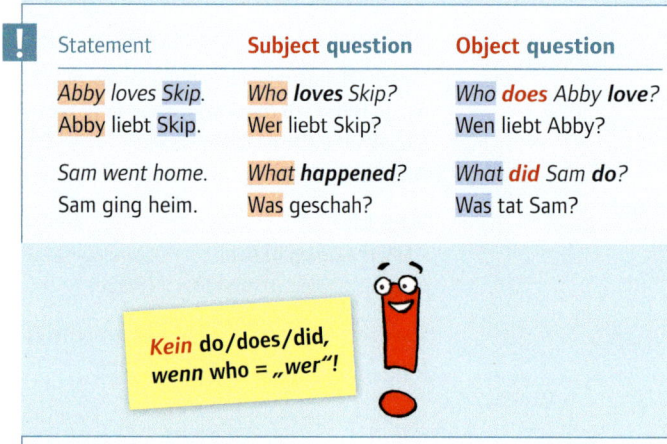

Statement	Subject question	Object question
Abby loves Skip.	Who loves Skip?	Who does Abby love?
Abby liebt Skip.	Wer liebt Skip?	Wen liebt Abby?
Sam went home.	What happened?	What did Sam do?
Sam ging heim.	Was geschah?	Was tat Sam?

Kein do/does/did, wenn who = „wer"!

Mit *who* und *what* fragst du nach dem **Subjekt ("Wer oder was?")** oder nach dem **Objekt ("Wen/Wem oder was?")**.

● Fragen nach dem **Subjekt** werden <u>ohne</u> *do/does/did* gebildet.

● In Fragen nach dem **Objekt** brauchst du *do/does* (im *simple present*) bzw. *did* (im *simple past*).

K
Who does Justin skype with?	Mit wem skypt Justin?
What school does Leo go to?	Auf welche Schule geht Leo?
Who are you waiting for?	Auf wen wartest du?

Anders als im Deutschen steht die Präposition *(with; to; for)* in englischen Objektfragen am Ende der Frage.

Fragen nach dem Subjekt <u>ohne</u> *do/does/did*!

7   Nebensätze (Subordinate clauses)   1: 5   Ü S. 68: 7

Nebensatz (Subordinate clause)			
	Subject	**V**erb	**O**bject
Please tell me	why	you	like	libraries.
I like libraries	because	I	like	books.
Morph says	that	he	likes	books.
Lucy doesn't like it	when	Sam	tells	bad jokes.
Abby told Lucy	how	they	found	the baby seal.

Anders als im Deutschen ist die Wortstellung in englischen Nebensätzen genauso wie im Hauptsatz:

Vergleiche:

Hauptsatz			Nebensatz		
S	V	O	S	V	O

*Morph likes libraries because he **likes** books.*

*Morph mag Büchereien, weil er Bücher **mag**.*

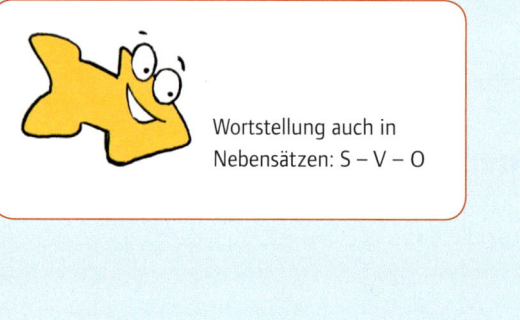

Wortstellung auch in Nebensätzen: S – V – O

8 Stellung von Adverbien und Umstandsbestimmungen

(Position of adverbs and adverbials)

Ü S. 69: 8 / S. 95: 72

8.1 Adverbien der Häufigkeit / der unbestimmten Zeit

(Adverbs of frequency / of indefinite time)   1: 3 / 2: 4

	am/are/is was/were	Adverb	
Sam	is	usually	very nice to his sister Lily.
Justin	was	often	late last week.
We	are	sometimes	very tired after school.

	Adverb	Main verb	
Maya	always	tries	to help her parents.
I can	never	remember	his phone number.
Sam has	already	done	his homework.
Have you	ever	drunk	sheep's milk?
We've	just	made	tea.
I don't	often	come	home late.
We'll	soon	be	home.

Do you like Plymouth? Have you been here before?
Magst du Plymouth? Bist du schon mal hier gewesen?

Lessons haven't started yet.
Der Unterricht hat noch nicht angefangen.

Have you done your homework yet?
Hast du deine Hausaufgaben schon gemacht?

Adverbien der Häufigkeit und der unbe-stimmten Zeit sind z.B. *already, always, ever, just, never, often, sometimes, soon, usually*.

Sie stehen gewöhnlich:

- **nach** *am/are/is* und *was/were*

- direkt **vor** dem **Vollverb**.

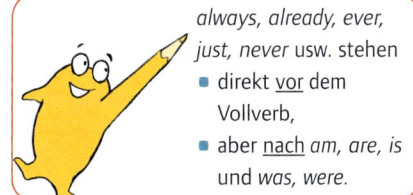

> *always, already, ever, just, never* usw. stehen
> - direkt <u>vor</u> dem Vollverb,
> - aber <u>nach</u> *am, are, is* und *was, were*.

! **Ausnahmen:**
Die Adverbien **before** und **yet** stehen am Satzende.

8.2 Adverbien der Art und Weise (Adverbs of manner)   2: 3

	Verb	Object	Adverb of manner
He	smiled		happily.
Our team	played		badly.
Sam	shook	his head	slowly.
We	followed	them	quietly.

K Sam shook his head slowly.
Sam schüttelte langsam den Kopf.

▶ *Adverbien der Art und Weise: 35–36*

Adverbien der Art und Weise (*carefully, slowly, quietly, badly, …*) stehen in der Regel

- in Sätzen **ohne Objekt** direkt nach dem Verb

- in Sätzen **mit Objekt** nach dem Objekt.

! Im Deutschen können Adverbien der Art und Weise zwischen Verb und Objekt stehen. Englische *adverbs of manner* dürfen **nicht** zwischen Verb und Objekt stehen!

8.3 Umstandsbestimmungen des Ortes und der Zeit
(Adverbials of place and time)

Subject	Verb	Object	Adverbial of place	Adverbial of time
Justin	went		to a party	last night.
You	have to be		at the station	at 8 o'clock.
We	can have	a picnic	in the park	this afternoon.
They	help	their parents	in the garden	on Sundays.

Im Englischen stehen Orts- und Zeit-angaben meist **am Satzende**.

Wenn ein Satz eine Orts- <u>und</u> eine Zeitangabe enthält, dann gilt:

Ort vor Zeit – wie im Alphabet:
O vor Z.

K *We were in Italy last summer.*
Wir waren letzten Sommer in Italien.

*Ort vor Zeit,
ich weiß Bescheid!*

K *On Sundays they help their parents.*
Sonntags helfen sie ihren Eltern.

Die Zeitangabe kannst du auch an den Anfang des Satzes stellen.
Anders als im Deutschen bleibt die Wortstellung dann trotzdem **S – V – O**.

8.4 Das Wichtigste in Kürze (The main points at a glance)

K *I closed the door quietly.*
Ich schloss leise die Tür.

Sam often plays basketball.
Sam spielt oft Basketball.

My mother does yoga every Wednesday.
Meine Mutter macht jeden Mittwoch Yoga.

Guess what – we saw Lady Gaga in the shopping centre!
Stell dir vor – wir haben im Einkaufszentrum Lady Gaga gesehen!

! Im Deutschen können Adverbien und Orts- und Zeitangaben zwischen Prädikat und Objekt stehen.
Im Englischen nicht!

*Verb und Objekt, dicht an dicht,
auch ein Adverb trennt sie nicht!*

Adverbien und Orts- und Zeitangaben <u>nie</u> zwischen Verb und Objekt!

S V O – that's like
Straßen**V**erkehrs**O**rdnung!

Wortarten (Word classes / Parts of speech)

9 Übersicht (Overview)

Verbs ▶ 10–21	read – rain – live – swim – be
Nouns ▶ 22–25	Olivia – girl – table – milk – question – problem – time
Adjectives ▶ 32–34	good – bad – quick – boring – nice – happy – red
Adverbs ▶ 35–36	today – yesterday – here – there – always – sometimes – quickly – carefully

Determiners and pronouns:

Articles ▶ 26	the – a/an
Personal pronouns ▶ 27	I – you – he – she – it – we – you – they me – you – him – her – it – us – you – them
Possessive determiners ▶ 28	my – your – his – her – its – our – your – their
Possessive pronouns ▶ 29	mine – yours – his – hers – ours – yours – theirs
Demonstrative determiners **Demonstrative pronouns** ▶ 30	this – that – these – those this – that – these – those
Quantifiers ▶ 31	a lot (of) – much – many – some – any – every – no
Relative pronouns ▶ 48	who – which – that
Question words ▶ 37–41	who – what – when – where – why – how
Prepositions ▶ 42–43	at – in – on – up – behind – next to – after – before
Conjunctions ▶ 44	and – or – but – when – because – that

Diese Übersicht zeigt dir, wie die einzelnen **Wortarten** heißen und was sie bezeichnen oder worüber sie etwas aussagen.

Verben (Zeitwörter, Tätigkeitswörter) beschreiben, was jemand tut, was sich ereignet, was ist.

Nomen (Substantive, Hauptwörter) bezeichnen Lebewesen, Dinge, Vorstellungen und Ideen.

Adjektive (Eigenschaftswörter) sagen etwas über die Eigenschaften einer Person oder Sache.

Adverbien (Umstandswörter) beschreiben, wann, wo, wie oft oder wie etwas getan wird oder geschieht.

Begleiter stehen <u>vor</u> einem Nomen. **Pronomen** (Fürwörter) stehen <u>anstelle</u> eines Nomens:

- **bestimmter und unbestimmter Artikel** (Geschlechtswort)

- **Personalpronomen** (persönliche Fürwörter) stehen stellvertretend für ein Nomen.

- **Possessivbegleiter** und **Possessivpronomen** (besitzanzeigende Begleiter und Pronomen) drücken Besitz oder Zugehörigkeit aus.

- **Demonstrativbegleiter** und **Demonstrativpronomen** (hinweisende Begleiter und Pronomen) weisen auf etwas hin.

- **Mengenangaben**

- **Relativpronomen** leiten Relativsätze ein.

Fragewörter leiten Fragen ein.

Präpositionen (Verhältniswörter) kennzeichnen z.B. örtliche und zeitliche Verhältnisse.

Konjunktionen (Bindewörter) verbinden Wörter oder Sätze.

Das Verb (The verb)

10   Verbarten (Types of verbs)

ⓤ *S. 69: 9*

10.1   Vollverben (Full verbs)

Sam likes Plymouth.
Abby and her brothers found a baby seal.

1	**Infinitiv (infinitive)**	*(to) ask, (to) give, (to) swim, (to) try*
2	**-s-Form für die** **3. Person Singular** ▸ *Schreibung/Aussprache: 14.3*	*(he/she/it)* **ask**s, **give**s, **swim**s, **trie**s
3	**-ing-Form** ▸ *Schreibung: 15.2*	**ask**ing, **giv**ing, **swimm**ing, **try**ing
4	**Simple past-Form** ▸ *Schreibung/Aussprache: 16.3*	**ask**ed, **gave**, **swam**, **tri**ed
5	**Partizip Perfekt** **(past participle)**	**ask**ed, **given**, **swum**, **tri**ed

Vollverben können **allein** – d.h. ohne ein weiteres Verb – im Satz auftreten.

Von jedem englischen Vollverb gibt es **fünf Formen**.

! **Unregelmäßige Verben** wie *give* und *swim* haben eigene *simple past-* und *past participle*-Formen.
▸ *Unregelmäßige Verben: 51*

10.2   be, do, have

Vollverb	Hilfsverb
Skip **isn't** *Maya's dog.* *He's Abby's dog.* *Sam* **does** *a lot of sport.* *The Blackwells* **have** *dinner at six o'clock.*	*Mr Skinner* **is working**. *How often* **do** *you* **watch** *TV?* *Lucy* **has fed** *the horses.*

▸ *Kurz- und Langformen: 50*

Die Verben **be**, **do** und **have** können Voll- oder Hilfsverb sein.
Als Hilfsverben werden sie zur Bildung bestimmter Zeitformen des Vollverbs verwendet.

! Das Vollverb **be** bildet als einziges Vollverb verneinte Sätze und Fragen im *simple present* und *simple past* **nicht** mit *do/does/did*.

10.3   Modale Hilfsverben (Modal auxiliaries / Modals)

My sister **can play** *the piano.*
You **can watch** *TV now.*
We **must go** *home now.*
You **should ask** *your parents.*

You **can come** *in now.*

I **can swim**. */ She* **can swim**.

My brother **can't swim**. **Can** *you* **swim**?

▸ *Kurz- und Langformen: 50*

Modale Hilfsverben drücken aus, dass etwas sein oder geschehen **kann**, **muss**, **darf** oder **soll**.
▸ *11–12*

! **Beachte:**
- Modale Hilfsverben werden **in Verbindung mit einem Vollverb** verwendet. Nur in Kurzantworten können sie allein stehen: *Can you* **swim**? – *Yes, I* **can**.
- Modale Hilfsverben haben **keine Endungen** auf *-s*, *-ing* oder *-ed*.
- Verneinung und Frage werden **ohne** *do/does/did* gebildet.

11 Die modalen Hilfsverben (The modal auxiliaries)

Ü S. 70–71: 10–14

11.1 can („können", „dürfen") 1 : 1

I can play the guitar. My sister can play the piano.
Ich kann Gitarre spielen. Meine Schwester kann Klavier spielen.

Can I feed the horses? – Yes, you can. / No, you can't.
Kann/Darf ich die Pferde füttern?

Mit *can* drückst du aus, dass jemand etwas tun kann oder tun darf.

Die verneinte Form heißt *can't*.
(Langform: *cannot*)

K *My sister can play the piano.*
Meine Schwester kann Klavier spielen.

But she can't play the drums.
Aber sie kann nicht Schlagzeug spielen.

! Im Englischen stehen Modalverb und Vollverb direkt hintereinander.

▸ *mustn't („nicht dürfen"): 11.5 / „können": 12.1 / „dürfen": 12.2*

11.2 may („dürfen")

May I use your phone, please? – Yes, you may. / Yes, of course.
Darf ich mal Ihr Telefon benutzen, bitte?

May we go to the school disco tomorrow? – No, you may not.
Dürfen wir morgen zur Schuldisco gehen?

Wenn du besonders höflich um Erlaubnis bitten willst, verwendest du *May I …? / May we …?*

▸ *mustn't („nicht dürfen"): 11.5 / „dürfen": 12.2*

11.3 must („müssen")

You're ill. You must stay in bed.

Mit *must* drückst du aus,

● dass jemand etwas tun muss

There's somebody at the door. – That must be Justin.
Da ist jemand an der Tür. – Das muss Justin sein.

You must be hungry after all this work!
Du musst hungrig sein nach all der Arbeit!

● dass etwas wahrscheinlich der Fall ist.

▸ *needn't („nicht müssen"): 11.4 / „müssen": 12.3*

11.4 needn't („nicht müssen")

You needn't hurry.
Du musst dich nicht beeilen. / Du brauchst dich nicht zu beeilen.

Must I stay in bed? – No, you needn't (stay in bed).
Muss ich im Bett bleiben? – Nein, musst du nicht.

Mit *needn't* drückst du aus, dass jemand etwas nicht tun muss / nicht zu tun braucht.

You needn't look at me like that.

▸ *„müssen": 12.3*

11.5   mustn't (_„nicht dürfen"_)

Let's go to the monkeys now. But remember:
you mustn't feed them!
Lasst uns jetzt zu den Affen gehen. Aber denkt dran:
Ihr dürft sie nicht füttern!

You mustn't
smoke here.

Mit _mustn't_ drückst du aus,
dass etwas verboten ist.

Nicht verwechseln:

- _You needn't go so fast._
  Du musst nicht so schnell fahren. /
  Du brauchst nicht so schnell zu
  fahren.
  (keine Notwendigkeit)

- _You mustn't go so fast._
  Du darfst nicht so schnell fahren.
  (Verbot)

▶ _needn't („nicht müssen")_: 11.4 / _„dürfen"_: 12.2

11.6   should (_„sollte/solltest/sollten"_)

Susan doesn't feel well.
She should go and see a doctor.
Susan fühlt sich nicht gut.
Sie sollte zum Arzt gehen.

Mit _should/shouldn't_ drückst du aus,
dass jemand etwas tun oder nicht tun sollte.

You're tired? Then you shouldn't go out tonight.
Du bist müde? Dann solltest du heute Abend nicht ausgehen.

12   Übersicht: „können", „dürfen", „müssen" (Overview)

ü S. 70–71: 10–14

12.1   „können": can, could, be able to

1   _My grandpa can walk on his hands._
    Mein Opa kann auf den Händen laufen.

2   _I have a new job, so I'll be able to buy a new car soon._
    …, daher werde ich mir bald ein neues Auto kaufen können.

3   _There was ice on the road, but John was able to stop the car._
    …, aber John konnte den Wagen stoppen.

4   _I could hear the dog, but I couldn't see it._
    Ich konnte den Hund hören, aber ich konnte ihn nicht sehen.

Wenn du über eine **Fähigkeit (deutsch: „können")** sprichst, kannst du _can_, _could_ und _be able to_ verwenden:

- **can:** Für „können" in der Gegenwart wird meist _can_ benutzt (Satz 1).

- **be able to:** Eine Form von _be able to_ wird oft gebraucht, wenn es um die Zukunft oder die Vergangenheit geht (Sätze 2, 3).

- **could:** Die Vergangenheitsform _could_ steht vor allem in verneinten Sätzen und Fragen sowie mit Verben der Wahrnehmung _(see, hear, smell, …)_ (Satz 4).

12.2   „dürfen": can, may, could, be allowed to; mustn't

1   *Of course you can use my CD player.*
    Natürlich darfst/kannst du meinen CD-Spieler benutzen.

2   *May I leave an hour earlier today, please?*
    Darf ich heute bitte eine Stunde früher gehen?

3   *When I'm 18 I'll be allowed to drive a car.*
    ..., werde ich Auto fahren dürfen.

4   *Were you allowed to watch the film last night?*
    Durftest du den Film gestern Abend sehen?

5   *We had a great time at Grandma's. We could stay up till*
    11 o'clock every day.
    ... Wir durften jeden Tag bis 11 Uhr aufbleiben.

6   *You can watch the baby seals,*
    but you mustn't feed them.
    Du darfst/kannst die Robbenbabys
    anschauen, aber du darfst sie nicht füttern.

7   *You mustn't / aren't allowed to smoke here.*
    Sie dürfen hier nicht rauchen.

Wenn du über eine **Erlaubnis (deutsch: „dürfen")** sprichst, kannst du *can, may, could* und *be allowed to* verwenden:

- **can:** Für „dürfen" in der Gegenwart wird oft *can* benutzt (Satz 1).

- **may:** Mit *May I/we ...?* kannst du besonders höflich um Erlaubnis bitten (Satz 2).

- **be allowed to:** Eine Form von *be allowed to* wird oft gebraucht, wenn es um die Zukunft oder die Vergangenheit geht (Sätze 3, 4).

- **could:** Die Vergangenheitsform *could* wird eher selten für Erlaubnisse in der Vergangenheit verwendet (Satz 5).

! Für ausdrückliche **Verbote** wird *mustn't* oder *be not allowed to* benutzt (Sätze 6, 7).

12.3   „müssen": must, have to; needn't

1   *I'm tired. I must sit down for a few minutes.*
    Ich bin müde. Ich muss mich ein paar Minuten hinsetzen.

2   *We'll have to buy a new computer next year.*
    Wir werden nächstes Jahr einen neuen Computer kaufen müssen.

3   *Sorry I'm late. I had to tidy up my room.*
    ... Ich musste mein Zimmer aufräumen.

4   *You needn't wait / don't have to wait for me.*
    Du brauchst nicht auf mich zu warten.

5   *Are the tickets free or do we have to pay for them?*
    ... oder müssen wir sie bezahlen?

6   *Last Sunday Maya didn't have to help her parents.*
    Letzten Sonntag musste Maya ihren Eltern nicht helfen.

Wenn du über eine **Notwendigkeit** oder einen **Zwang (deutsch: „müssen")** sprichst, kannst du *must* und *have to* verwenden:

- **must** kann für „müssen" in der Gegenwart benutzt werden (Satz 1).

- **have to:** Eine Form von *have to* wird gebraucht, wenn es um die Zukunft oder die Vergangenheit geht (Sätze 2, 3).

! *have to* ist viel häufiger als *must*, auch in der Gegenwart! Verwende *must* nicht zu oft.

Wenn jemand etwas nicht tun muss / nicht zu tun braucht, wird **needn't** oder **not have to** verwendet (Satz 4).

! Fragen und Verneinungen mit *have to* werden im *simple present* und *simple past* mit *do/does/did* gebildet (Sätze 5, 6).

13 Die Zeiten – Übersicht (The tenses – overview)

Die folgende Übersicht enthält Langformen *(I did not play / I am playing / I will not play)*. Beim Sprechen und in persönlichen Briefen werden meist Kurzformen verwendet *(I didn't play / I'm playing / I won't play)*.

▶ *Kurz- und Langformen: 50*

	Positive statements	Negative statements	Questions
Simple present ▶ 14	I play She plays	I do not play She does not play	Do you play? Does she play?
Present progressive ▶ 15	I am playing She is playing	I am not playing She is not playing	Are you playing? Is she playing?
Simple past ▶ 16	I played She played	I did not play She did not play	Did you play? Did she play?
Past progressive ▶ 17	I was playing She was playing	I was not playing She was not playing	Were you playing? Was she playing?
Present perfect ▶ 18	I have played She has played	I have not played She has not played	Have you played? Has she played?
***going to*-future** ▶ 19	I am going to play She is going to play	I am not going to play She is not going to play	Are you going to play? Is she going to play?
***will*-future** ▶ 20	I will play She will play	I will not play She will not play	Will you play? Will she play?

14 Die einfache Form der Gegenwart
(The simple present)

Ü S. 72–73: 15–20 / S. 76: 26–27

14.1 Gebrauch (Use)

1: 2 / 1: 3 / 2: 1

> I get up at 6:30 every morning. Then I have breakfast. And after breakfast, I feed my cat.

> I get up at 7:15. Then I sometimes have a bath before I get ready for school.

Justin and Sam are at the Aquarium in Plymouth.
First they visit the British coasts zone. Then they go to the aquarium café for a snack. After that they look at the Atlantic Ocean zone. Later in the afternoon they watch a film in the aquarium cinema.

▶ *Present progressive oder simple present?: 15.3*

Mit dem *simple present* drückst du aus, dass etwas **wiederholt** (regelmäßig, immer, jeden Tag, oft, …) oder **nie** geschieht.
In *simple present*-Sätzen stehen daher oft Wörter wie *always, often, sometimes, usually, never* oder Zeitangaben wie *every morning, in the evenings, on Sundays*.

In den Beispielen links reden die beiden Jugendlichen darüber, was sie regelmäßig (jeden Morgen) tun.

Das *simple present* wird auch verwendet, um **aufeinanderfolgende Handlungen** zu beschreiben, z.B. wenn man eine Geschichte erzählt (oft mit den Wörtern *First …, then …, after that …*).

4.2 Form (Form)   1: 2 / 1: 3 / 2: 1

Positive statements

I	**play**	tennis.	We	**play**	tennis.
You	**play**	tennis.	You	**play**	tennis.
He/She/It	**plays**	tennis.	They	**play**	tennis.

Negative statements

I	**don't play**	cards.	We	**don't play**	cards.
You	**don't play**	cards.	You	**don't play**	cards.
He/She/It	**doesn't play**	cards.	They	**don't play**	cards.

Questions

Do	I	**play** cards?	**Do**	we	**play** cards?
Do	you	**play** cards?	**Do**	you	**play** cards?
Does	he/she/it	**play** cards?	**Do**	they	**play** cards?

Do you **get up** early? – **Yes, I do.** / **No, I don't.**
Does Maya **help** her parents? – **Yes, she does.**
Does Lucy **play** basketball? – **No, she doesn't.**

What do you usually **do** on Sundays?
When does Sam **play** basketball?
Where does he **play** basketball?

▶ Fragen mit „who": 6.3

Das *simple present* hat die Form des Infinitivs. Nur bei *he/she/it* (3. Person Singular) musst du *-(e)s* anhängen:
  I/You/We/They play …
        *He/She/It play**s** …*

▶ 3. Person Singular – Aussprache/Schreibung: 14.3

Im verneinten Satz benutzt du
don't + Infinitiv bzw. **doesn't + Infinitiv**:
I/You/We/They **don't** play …
        He/She/It **does**n't play …
(Langformen: *do not* bzw. *does not*)

Fragen im *simple present* bildest du mit
do bzw. **does**:
Do I/you/we/they play …?
Does he/she/it play …?

Entscheidungsfragen werden meist nicht nur mit *Yes* oder *No* beantwortet.
Höflicher ist eine sogenannte **Kurzantwort:**
- bei *Yes* mit *do* bzw. *does*
- bei *No* mit *don't* bzw. *doesn't*.

Fragen, die mit einem Fragewort *(when, where, what, why, how)* beginnen, bildest du wie Entscheidungsfragen. Das Fragewort steht wie im Deutschen am Anfang.

! **Ausnahme:**
Fragen nach dem Subjekt
▶ Fragen nach dem Subjekt: 6.3

!

Question	*Where* **does** Abby live?
Positive statement	*Abby lives in Wembury.*
Negative statement	*She **doesn't** live in Plymouth.*

! Das **s** der 3. Person Singular steckt bei Fragen und Verneinungen schon im **does**. Das Vollverb hat keine –s-Endung!
Also nicht: *Where does she lives?*
        She doesn't lives …

He, she, it – ein „s" muss mit.

Doch sei klug – ein „s" ist genug.

14.3   3. Person Singular: Aussprache/Schreibung

(3rd person singular: pronunciation/spelling)   1: 2 / 2: 1

Ⓤ *S. 72: 16*

Der Laut **vor** dem **s** bestimmt,
wie das **s** ausgesprochen wird:

---

*Our cat **sleeps** in a basket.*   [sliːps]
*My dog **likes** meat.*   [laɪks]
*Leo **laughs** a lot.*   [lɑːfs]

[s]   nach **stimmlosen Konsonanten** – so
      wie im deutschen Wort „lassen". Denk
      an das Zischen einer Schlange: Ssss.
      (Stimmlose Konsonanten sind z.B. [p],
      [k], [t], [f])

*Morph often **hides** on a shelf.*   [haɪdz]
*Dad always **comes** home late.*   [kʌmz]
*Morph sometimes **plays** cards.*   [pleɪz]
*Leo **knows** Lucy.*   [nəʊz]

[z]   nach **stimmhaften Konsonanten** und
      nach **Vokalen** – so wie im deutschen
      Wort „lesen". Denk an das Geräusch
      einer Biene: Zzzz.
      (Stimmhafte Konsonanten sind z.B. [b],
      [g], [d], [n], [l], [v])

*Our teacher **uses** a red pen.*   [ˈjuːzɪz]
*Dad often **watches** sport shows on TV.*   [ˈwɒtʃɪz]

[ɪz] nach **Zischlauten** ([s], [z], [ʃ], [tʃ],
      [dʒ]).
      Beachte, dass nach Zischlauten *-s* oder
      -es angehängt wird, je nach Schreibung
      des Infinitivs:
      use – uses, watch – watches

---

*Sam always **tries** to help his sister Lily.*
*My friend sometimes **copies** my homework.*

❗ Bei Verben, die auf *-y* enden, musst du
aufpassen:

■ Wenn das *-y* auf einen **Konsonanten**
  folgt, wird es bei der 3. Person Singular
  zu *-ies*:
  try   → he/she/it **tries**
  copy → he/she/it **copies**

*Ryan **plays** football in the park on Saturdays.*
*My uncle **buys** a new car every year.*

■ Wenn das *-y* auf einen **Vokal** folgt,
  bleibt es ein *-y*:
  play → he/she/it **plays**
  buy   → he/she/it **buys**

*Abby **has** a new friend.*

❗ **Vorsicht** bei der 3. Person Singular der
Verben **have**, **go**, **do**, **say**:

*Justin **goes** to Plymstock School.*

■ **have** → **has**

*Sam usually **does** kung fu at weekends.* [dʌz]

■ **go** + **es** → **goes**

■ **do** + **es** → **does**
  Aussprache: *I **do*** [duː] – *she **does*** [dʌz]

*Do you know the game 'Simon **says**'?*   [sez]

■ **say** + **s** → **says**
  Aussprache: *I **say*** [seɪ] – *she **says*** [sez]

15 Die Verlaufsform der Gegenwart
(The present progressive)

Ü *S. 74–76: 21–27*

15.1 Gebrauch (Use) 1: 5 / 2: 1

It's Friday evening. Abby and Maya are on the phone.

Abby: Hi, Maya. What are you doing?
  … Was machst du gerade?
Maya: I'm helping Mum in the kitchen.
  Ich helfe meiner Mutter …
Abby: Aren't you watching TV? There's a good show on BBC 1.
  Siehst du nicht fern? …
Maya: No, I'm not. …
  Nein. …

I'm helping Mum …

Mum ___ I'm meeting some friends in town on Friday,
  so Dad is picking you up from school.

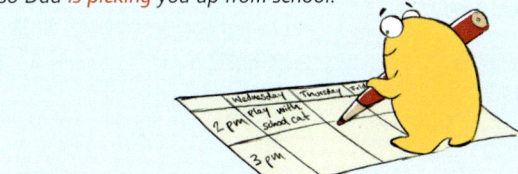

▸ *Present progressive oder simple present?: 15.3*

Mit dem *present progressive* drückst du aus, dass jemand **gerade etwas tut**:
Maya sagt, dass sie gerade dabei ist, ihrer Mutter zu helfen. Nach dem Telefonat wird sie wieder zu ihrer Mutter in die Küche zurückgehen. Die Handlung ist also noch nicht abgeschlossen, sondern noch **im Gange** (*in progress* = „im Verlauf" – daher der Name *present progressive*).

❗ Eine Verlaufsform gibt es im Deutschen nicht. Aber manchmal sagt man „**Ich bin gerade dabei**, abzuwaschen / Kekse zu backen /…".

In *present progressive*-Sätzen steht oft *now, at the moment, just* („gerade") oder *still* („noch").

Das *present progressive* wird auch verwendet, wenn etwas für die Zukunft **fest verabredet** ist. Durch eine Zeitangabe *(tomorrow, on Friday)* oder aus dem Zusammenhang muss deutlich sein, dass es sich um etwas Zukünftiges handelt. (Manchmal wird diese Verwendung des *present progressive* als *diary future* bezeichnet, weil es dabei um Verabredungen geht, die schon im Terminkalender stehen.)

15.2 Form (Form) 1: 5 / 2: 1

Ü *S. 75: 23*

Positive statements

I'm singing.	We're singing.
You're singing.	You're singing.
He's/She's/It's singing.	They're singing.

▸ *Kurz- und Langformen: 50*

Negative statements

I'm not playing.	We aren't playing.
You aren't playing.	You aren't playing.
He/She/It isn't playing.	They aren't playing.

▸ *Kurz- und Langformen: 50*

Du bildest das *present progressive* mit **am/are/is** + **-ing**-Form des Verbs.

Die *-ing*-Form ist der Infinitiv + *-ing*:
sing + *-ing* → *singing*
play + *-ing* → *playing*
help + *-ing* → *helping*

❗ **Beachte:**
● Ein stummes *e* am Ende des Infinitivs fällt weg:
*mak**e*** + *-ing* → *making*
*giv**e*** + *-ing* → *giving*
● Nach einem einzelnen, betonten Vokal (a, e, i, o, u) wird der Konsonant (p, t, n, …) verdoppelt:
*sto**p*** + *-ing* → *sto**pp**ing*
*ru**n*** + *-ing* → *ru**nn**ing*

Questions					
Am	I	*playing?*	**Are**	we	*playing?*
Are	you	*playing?*	**Are**	you	*playing?*
Is	he/she/it	*playing?*	**Are**	they	*playing?*

In Fragen sind Subjekt *(I, you, he, she, we, …)* und *am/are/is* vertauscht.

*Are you working, Dad? – **Yes, I am. / No, I'm not.***
*Is Maya helping her mum? – **Yes, she is. / No, she isn't.***
Are the boys doing their homework?
*– **Yes, they are. / No, they aren't.***

What are you doing?
Where's Sam going?
Who's Lucy talking to?

Ein Fragewort *(what, where, when, why, who, how)* steht wie im Deutschen am Anfang der Frage.
Nach einem Fragewort wird *is* oft verkürzt:
*Where **is** he **going**?* → *Where's he going?*
*Who **is** …?*   → *Who's …?*

15.3   Present progressive oder simple present?   1: 5 / 2: 1   Ü S. 76: 26–27

Present progressive	Simple present
Sam is playing basketball (now / at the moment).	Sam plays basketball (every Thursday / every week).
Sam spielt (gerade / im Augenblick) Basketball.	Sam spielt (jeden Donnerstag / jede Woche) Basketball.

...ED	THUR	FRI	SAT	SUN
	7	8	9	10
	14	15	16	17
	21	22	23	24

basketball

Mit dem deutschen Satz **Sam spielt Basketball** kann man zwei verschiedene Dinge ausdrücken:
● dass er gerade dabei ist, Basketball zu spielen,
   oder
● dass Basketball sein Hobby ist.

Im Englischen musst du entweder das *present progressive* oder das *simple present* verwenden, je nachdem, was du sagen willst:

● Mit dem **present progressive** sagst du, dass Sam **jetzt gerade** Basketball spielt.

● Mit dem **simple present** drückst du aus, dass Sam **regelmäßig** („jeden Donnerstag", „jede Woche") Basketball spielt.

Auf Seite 33 findest du weitere Beispiele.

● *Present progressive:*
gerade jetzt,
noch im Gange

● *Simple present:*
regelmäßig,
als Hobby

simple present
present progressive

Look, Morph is playing cards. He often plays cards in the evening.

Present progressive	**Simple present**

Look, my brother is laying the table. Schau, mein Bruder deckt gerade den Tisch.	*He lays the table for us every morning.* Er deckt jeden Morgen den Tisch für uns.

It's 7 o'clock now. My sister is getting up. … Meine Schwester steht gerade auf.	*She always gets up at 7 o'clock on school days.* An Schultagen steht sie immer um 7 Uhr auf.

Are the cats playing in the park today? *No, they aren't. They're playing in the living room.*	*Our cats often play in the park.*

- Signalwörter für das *present progressive:*
  now,
  at the moment,
  today

- Signalwörter für das *simple present:*
  always, usually, often, sometimes, never, every morning, on Saturdays, at weekends, …

16 Die einfache Form der Vergangenheit
(The simple past)

ⓤ *S. 77–79: 28–32 / S. 80: 35 / S. 83: 42*

16.1 Gebrauch (Use)   1: 4 / 2: 1

Sam and Justin met *in the park* **on Sunday**. *They* talked *about their film project and* made *plans. Later they* met *the girls.*
Sam und Justin trafen sich am Sonntag im Park. Sie sprachen über ihr Filmprojekt und machten Pläne. Später trafen sie die Mädchen.

My mum was *born* **in 1977**. *It* was *her birthday* **last week**.
Meine Mutter wurde 1977 geboren. Letzte Woche hatte sie Geburtstag.

I lost *my watch* **yesterday**.

▸ *Present perfect oder simple past?: 18.4*

Mit dem *simple past* berichtest du über die Vergangenheit – z.B. wenn du eine Geschichte erzählst.
Zeitangaben wie *yesterday, last week, three hours/weeks/years ago, in 1977* drücken aus, wann etwas geschehen ist oder wann jemand etwas getan hat.

❗ Beachte:
Im Deutschen benutzen wir oft das Perfekt, um zu sagen, **wann** etwas geschehen ist:
Ich **habe** **gestern** *meine Uhr* **verloren**.

Im Englischen <u>muss</u> in diesen Fällen das *simple past* stehen:
I **lost** *my watch* **yesterday**.

16.2 Form (Form)   1: 4 / 2: 1

Positive statements

Regular verbs		Irregular verbs	
I	asked	I	said
You	asked	You	said
He/She/It	asked	He/She/It	said
We/You/They	asked	We/You/They	said

Negative statements

I	didn't ask	I	didn't say
You	didn't ask	You	didn't say
He/She/It	didn't ask	He/She/It	didn't say
We/You/They	didn't ask	We/You/They	didn't say

Questions

Did	I	**ask?**	**Did**	I	**say?**
Did	you	**ask?**	**Did**	you	**say?**
Did	he/she/it	**ask?**	**Did**	he/she/it	**say?**
Did	we/you/they	**ask?**	**Did**	we/you/they	**say?**

- Bei **regelmäßigen Verben** bildest du das *simple past* durch Anhängen von **ed** an den Infinitiv: **ask** + **ed** → **ask**ed.
  Es gibt für alle Personen nur eine Form.
  ▸ *Aussprache/Schreibung der -ed-Form: 16.3*

- **Unregelmäßige Verben** wie *say* haben eigene *simple past*-Formen.
  ▸ *Unregelmäßige Verben: 51*

Im verneinten Satz benutzt du
didn't + Infinitiv (Langform: *did not*).

Fragen im *simple past* bildest du mit **did**.
(Das Verb steht wie bei der Verneinung im Infinitiv.)

Did Sam and Justin **meet** on Sunday? – **Yes, they did**.
Did they **meet** at school? – **No, they didn't**. They met in the park.
Did you **watch** TV last night? – **Yes, I did. / No, I didn't**.

When did you **come** home last night?
Where did Sam and Justin **meet** on Sunday?
Why didn't you **do** your homework?

▶ *Fragen mit „who": 6.3*

Entscheidungsfragen werden meist nicht nur mit *Yes* oder *No* beantwortet.
Höflicher ist eine sogenannte **Kurzantwort:**

● *Yes, I did / Yes, he did* usw.
● *No, I didn't / No, he didn't* usw.

Fragen, die mit einem Fragewort *(when, where, what, why, how)* beginnen, bildest du wie Entscheidungsfragen. Das Fragewort steht wie im Deutschen am Anfang.

! **Ausnahme:**
Fragen nach dem Subjekt

▶ *Fragen nach dem Subjekt: 6.3*

!	Question	When *did* they talk about their film?
	Positive statement	They talk*ed* about their film on Sunday.
	Negative statement	They *did***n't** talk about basketball.

! Bei Fragen und Verneinungen steckt die Vergangenheit schon im **did**. Das Verb hat keine *-ed*-Endung!
Also nicht: *Where did they played?*
                    They didn't played …

Nur einmal Vergangenheitsform bei Fragen und Verneinungen im *simple past*:

            Infinitiv
Did you   see   the film last night?
I didn't   see   the film last night.

6.3   Die *-ed*-Form: Aussprache/Schreibung
(The *-ed* form: pronunciation/spelling)   1: 4 / 2: 1

Ⓤ *S. 77: 29*

Sam and Justin **talked** about their film.   [tɔːkt]
They **laughed** a lot.   [lɑːft]

It **rained** all day yesterday.   [reɪnd]
We **stayed** inside.   [steɪd]

Leo **waited** for Sam and Justin.   ['weɪtɪd]
He **sounded** happy.   ['saʊndɪd]

Sam **phoned** Justin on his mobile.

Sorry, Mum, I **dropped** one of our plates.

We **tried** to be very quiet.

! **Aussprache der *-ed*-Form:**

[t] nach **stimmlosen Konsonanten** ([p], [k], [t], [f] …)

[d] nach **stimmhaften Konsonanten** ([b], [g], [d], [n], [v] …) und nach **Vokalen**

[ɪd] nach [-t] und [-d]

! **Schreibung:**

● Ein stummes *e* fällt weg:
phone + *-ed* → *phoned*.

● Nach einem einzelnen, betonten Vokal wird der Konsonant verdoppelt:
drop + *-ed* → *dropped*.

● *y* nach einem Konsonanten wird zu *-ied*:
try + *-ed* → *tried*.

17   Die Verlaufsform der Vergangenheit
(The past progressive)

ü S. 79–80: 33–35

17.1   Gebrauch (Use)   2: 6

Yesterday Dad came home **at six o'clock**.
It *was raining*.
My brother *was writing* a letter.
I *was playing* with the cats.

We *were having* lunch when my sister Stella suddenly **started** to cry.
Wir aßen gerade zu Mittag, als meine Schwester Stella plötzlich anfing zu weinen.

Mit dem *past progressive* drückst du aus, dass etwas zu einer bestimmten Zeit in der Vergangenheit (hier: *yesterday at six o'clock*) **gerade im Gange** und **noch nicht abgeschlossen** war.

Das *past progressive* wird oft benutzt, um zu beschreiben, was gerade vor sich ging (*we were having lunch*), als etwas anderes passierte (*Stella started to cry*).

17.2   Form (Form)   2: 6

Positive statements

I	was	working
You	were	working
He/She/It	was	working
We/You/They	were	working

Negative statements

I	wasn't	playing
You	weren't	playing
He/She/It	wasn't	playing
We/You/They	weren't	playing

▶ *Kurz- und Langformen: 50*

Questions

Was	I	playing?
Were	you	playing?
Was	he/she/it	playing?
Were	we/you/they	playing?

Were you **working** on Friday? – **Yes, I** was. / **No, I** wasn't.
Was she **writing** a letter? – **Yes, she** was. / **No, she** wasn't.
Were they **singing**? – **Yes, they** were. / **No, they** weren't.

What were you **doing** on Friday?
When were you **having** lunch?
Who was Lucy **talking** to?

Du bildest das *past progressive* mit **was/were + -ing-Form** des Verbs.

▶ *Bildung der -ing-Form: 15.2*

Vergleiche *present progressive* und *past progressive*:

- ***present progressive:***
  It's 7 o'clock. Maya **is helping** her parents.

- ***past progressive:***
  It was 7 o'clock on Friday evening. Maya **was helping** her parents.

▶ *Present progressive: 15*

In Fragen sind Subjekt (*I, you, he, she, we, …*) und *was/were* vertauscht.

Die Kurzantworten sind
- *Yes, I was / Yes, we were* usw.
- *No, I wasn't / No, we weren't* usw.

Ein Fragewort (*what, where, when, why, who, how*) steht wie im Deutschen am Anfang der Frage.

18   Das *present perfect* (The present perfect)

Ü S. 81–83: 36–42

18.1   Gebrauch (Use)   2 : 4

*Lucy's grandpa has made some sandwiches for Lucy and her friends.
But where is Sam? Well, he hasn't finished his bath yet.*

Olivia hasn't washed the dishes. Her mum is angry.
Olivia hat das Geschirr nicht abgewaschen. Ihre Mutter ist wütend.

I've packed the car. We can leave now.
Ich habe das Auto beladen. Wir können abfahren.

Has Justin come back from his trip to Boston? – Yes, he has.
Ist Justin (schon) von seiner Reise … zurückgekommen?

Mit dem *present perfect* wird ausgedrückt, dass jemand (irgendwann) etwas getan hat oder dass (irgendwann) etwas geschehen ist. Es ist **nicht wichtig, wann** das war. Deshalb wird auch kein genauer Zeitpunkt genannt.

! Wenn du einen genauen Zeitpunkt angibst, z.B. *yesterday, last week, two days ago, in 2004*, dann **musst** du das *simple past* verwenden!

▶ *Present perfect oder simple past?*: 18.4

Oft hat die Handlung **Auswirkungen auf die Gegenwart oder die Zukunft**:
– Olivia hat den Abwasch nicht erledigt. Folge: Ihre Mutter ist wütend auf sie.

– Ich habe das Auto beladen. Ergebnis: Die Fahrt kann beginnen.

18.2   *Present perfect:* Adverbien der unbestimmten Zeit
(Present perfect: adverbs of indefinite time)   2 : 4

Ü S. 82: 40

Grandpa	*Are you hungry? I've just made some sandwiches.* … Ich habe gerade ein paar Sandwiches gemacht.
Maya	*Yes, I am. I haven't had breakfast yet.* … Ich habe noch nicht gefrühstückt.
Lucy	*Have you ever tried Grandma's scones?* Habt ihr schon mal Omas Scones probiert?
Grandma	*Is this your first visit to Dartmoor, or have you been here before?* … oder wart ihr (früher) schon mal hier?
Grandpa	*Lucy, have you fed the horses yet?* Lucy, hast du die Pferde schon gefüttert?
Lucy	*Yes, I have. And I've already checked the lambs.* … Und ich habe schon die Lämmer kontrolliert.

Weil das *present perfect* ausdrückt, dass etwas irgendwann geschehen ist, findest du oft **Adverbien der unbestimmten Zeit** in *present perfect*-Sätzen:

already	schon, bereits
always	(schon) immer
before	(vorher/früher) schon mal
just	gerade (eben), soeben
never	(noch) nie
not … yet	noch nicht
often	(schon) oft
ever?	jemals? / schon mal?
yet?	schon?

Sie stehen **direkt vor dem Vollverb**.

! **Ausnahme:**
before und *yet* stehen am Satzende.

18.3 Form (Form)

2: 4   Ⓤ *S. 81: 37*

Positive statements

Regular verbs	Irregular verbs
I**'ve** *played*	I**'ve** *sung*
You**'ve** *played*	You**'ve** *sung*
He**'s**/She**'s**/It**'s** *played*	He**'s**/She**'s**/It**'s** *sung*
We/You/They**'ve** *played*	We/You/They**'ve** *sung*

▶ *Kurz- und Langformen: 50*

Negative statements

Regular verbs	Irregular verbs
I *haven't played*	I *haven't sung*
You *haven't played*	You *haven't sung*
He/She/It *hasn't played*	He/She/It *hasn't sung*
We/You/They *haven't played*	We/You/They *haven't sung*

▶ *Kurz- und Langformen: 50*

Questions

Regular verbs		Irregular verbs	
Have I	*played?*	*Have* I	*sung?*
Have you	*played?*	*Have* you	*sung?*
Has he/she/it	*played?*	*Has* he/she/it	*sung?*
Have we/you/they	*played?*	*Have* we/you/they	*sung?*

*Have you ever **tried** Indian food?* – **Yes, I have. / No, I haven't.**
*Has Justin **been** to New York?* – **No, he hasn't.**

*Why **haven't** you **washed** the dishes?*
*Where **has** Leo **been**?*

K *The bus has stopped.*   *The bus has arrived.*
Der Bus hat angehalten.   Der Bus ist angekommen.

Have you ever read a scary book?

Du bildest das *present perfect* mit **have/has** und der 3. Form des Verbs. Die 3. Form des Verbs heißt **Partizip Perfekt** *(past participle)*.

! **Beachte** die 3. Person Singular:
*He**'s** played* = He **has** *played*
*She**'s** played* = She **has** *played*.

Bildung des Partizip Perfekts:

■ Bei **regelmäßigen Verben** hängst du **ed** an den Infinitiv an: *play* + **ed** → *play**ed***.
▶ *Aussprache/Schreibung der -ed-Form: 16.3*

■ **Unregelmäßige Verben** wie *sing* haben eigene *past participle*-Formen.
▶ *Unregelmäßige Verben: 51*

In Fragen sind Subjekt und *have/has* vertauscht.

Die Kurzantworten sind
■ *Yes, I have / Yes, he has* usw.
■ *No, I haven't / No, he hasn't* usw.

Ein Fragewort steht wie im Deutschen am Anfang der Frage.

! Das *present perfect* wird immer mit **have** bzw. **has** gebildet – auch wenn im Deutschen eine Form von „sein" steht.

18.4 Present perfect oder simple past?

2: 4

Ü *S. 83: 42*

Present perfect	Simple past
Son: Dad, *I've checked* your computer. It's OK now.	Father: Thank you. **When did you do** it?
	Son: I *checked* it **last night** when you were at the cinema with Mum.

Present perfect	Simple past
Mother: *Has* Grandpa *phoned* yet?	He *phoned* **20 minutes ago**. Everything's fine.
Son: Yes, he *has*.	

Sieh dir die Beispiele links gut an:

● Der Sohn sagt, dass er den Rechner des Vaters überprüft hat → *present perfect*. Der Vater fragt, wann der Sohn das gemacht hat → *simple past*. Der Sohn nennt den Zeitpunkt *(last night)* → *simple past*.

● Die Mutter fragt, ob der Großvater schon angerufen hat → *present perfect*. Der Sohn bestätigt, dass der Großvater angerufen hat → *present perfect*. Dann fügt er hinzu, wann er angerufen hat *(20 minutes ago)* → *simple past*.

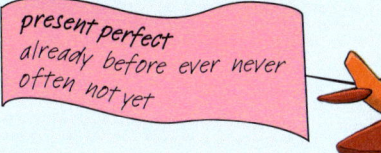

● *Present perfect,* um zu sagen, dass etwas geschehen ist

● *Simple past,* um zu sagen, wann etwas geschehen ist

present perfect
already before ever never often not yet

simple past
yesterday a week ago in 1998 an hour ago when

! **Zusammenfassung:**

● *Present perfect:*
  – wenn du sagen willst, **dass etwas (irgendwann) geschehen ist**
  – wenn du fragen willst, **ob etwas geschehen ist**.
  Ein Zeitpunkt wird <u>nicht</u> genannt (er ist nicht wichtig oder nicht bekannt). Du findest aber oft unbestimmte Angaben wie *already, before, ever, just, never, often, (not) yet* in *present perfect*-Sätzen.

● *Simple past:*
  wenn du sagen oder fragen willst, **wann etwas geschehen ist**.
  Der Zeitpunkt wird genannt (oder geht aus dem Zusammenhang hervor). Typische Zeitangaben sind *yesterday, last year, an hour ago, on Friday morning, in 1998, ...*

K When *did* you *buy* your new dress?
Wann *hast* du dein neues Kleid *gekauft*?

! When ...? fragt nach einem Zeitpunkt. Deshalb stehen Fragen mit *when* nie im *present perfect*, sondern im *simple past*.

Nicht: When ~~have you bought~~ your dress?

19   Das Futur mit *going to* (The *going to*-future)

Ü *S. 84: 43–45 / S. 86: 49*

19.1   Gebrauch (Use)   2 : 2

Justin:	*What **are** you **going to do** at the weekend, Lucy?*
	***Are** you **going to stay** at home?*
	Was hast du am Wochenende vor, Lucy?
	Wirst du zu Hause bleiben?
Lucy:	*No, I'm not. Maya and I **are going to visit** my*
	grandparents in Dartmoor. And you, Justin?
	***Are** you **going to work** on your film project?*
	Nein (, werde ich nicht). Maya und ich werden/wollen
	meine Großeltern in Dartmoor besuchen. Und du, Justin?
	Hast du vor, an deinem Filmprojekt zu arbeiten?

Du verwendest das Futur mit *going to*,
um über **Absichten** und **Pläne** für die
Zukunft zu sprechen.

! *going to* hat hier nichts mit „gehen" zu tun.
I'm going to … bedeutet „Ich werde …"
oder „Ich habe vor …".

Für Absichten und Pläne:
das Futur mit *going to*

19.2   Form (Form)   2 : 2

Positive statements

> *I'm* **going to help**
> *You're* **going to help**
> *He's/She's/It's* **going to help**
>
> *We're/You're/They're* **going to help**

▶ *Kurz- und Langformen: 50*

Negative statements

> *I'm* **not** **going to help**
> *You* **aren't** **going to help**
> *He/She/It* **isn't** **going to help**
>
> *We/You/They* **aren't** **going to help**

▶ *Kurz- und Langformen: 50*

Du bildest das *going to-future* mit
am/are/is + going to + Infinitiv.

Questions and short answers

Am	I	**going to help?**
Are	you	**going to help?**
Is	he/she/it	**going to help?**
Are	we/you/they	**going to help?**

In Fragen sind Subjekt (*I, you, he, she,
we, …*) und *am/are/is* vertauscht.

Die Kurzantworten sind
● *Yes, I am / Yes, he is* usw.
● *No, I'm not / No, he isn't* usw.

*At the weekend
I'm going to relax with
another good book.*

20 Das Futur mit *will* (The *will*-future)

Ü S. 85–86: 46–49

20.1 Gebrauch (Use) 2:5

Dad:	I'**ll pick** you up at 4 pm. Don't be late.
	Ich werde dich um 16 Uhr abholen. Sei nicht zu spät.
Sam:	OK, Dad, 4 pm. I'**ll be** there. I promise.
	… 4 Uhr. Ich werde da sein. Ich verspreche es.

Gavin **will be** at the party. I think you'**ll like** him.
Gavin wird auf der Party sein. Ich glaube, du wirst ihn mögen.

It **will be** cold and rainy tomorrow.
Morgen wird es kalt und regnerisch (werden/sein).

Let's hurry, or we'**ll miss** the girls.
Beeilen wir uns, sonst verpassen wir die Mädchen.

Für Vorhersagen und
Vermutungen:
das Futur mit *will*

Du verwendest das Futur mit **will**, um zu
sagen, was in der Zukunft geschehen wird.
Das *will-future* steht oft mit Zeitangaben wie
tomorrow, next month, soon, in a few weeks.

Das *will-future* steht in **Vermutungen** mit
I (don't) think, I'm (not) sure, maybe oder
probably.

Oft geht es um Dinge, die man nicht beein-
flussen kann, z.B. **Vorhersagen** über das
Wetter.

! Im Deutschen benutzen wir oft das Präsens,
wenn wir Vermutungen äußern oder Vorhersagen machen.
Im Englischen steht das *will-future*.

20.2 Form (Form) 2:5

Positive statements

I'**ll meet**	We'**ll meet**
You'**ll meet**	You'**ll meet**
He'**ll**/She'**ll**/It'**ll meet**	They'**ll meet**

▶ *Kurz- und Langformen: 50*

Negative statements

I **won't meet**	We **won't meet**
You **won't meet**	You **won't meet**
He/She/It **won't meet**	They **won't meet**

▶ *Kurz- und Langformen: 50*

Questions

Will	I	**meet**?	**Will**	we	**meet**?
Will	you	**meet**?	**Will**	you	**meet**?
Will	he/she/it	**meet**?	**Will**	they	**meet**?

Du bildest das *will-future* mit
will ('ll) + Infinitiv.
Es gibt für alle Personen nur eine Form.

Die verneinte Form heißt **won't**.
(Langform: **will not**)

In Fragen sind Subjekt *(I, you, he, she, we,*
…) und *will* vertauscht.

Die Kurzantworten sind
● *Yes, I will / Yes, he will* usw.
● *No, I won't / No, he won't* usw.

! **Nicht verwechseln:**
● *I want to* heißt „ich will", „ich möchte".
● *I will* heißt „ich werde".

She wants to meet you.	Sie möchte sich mit dir treffen.
She will meet you.	Sie wird sich mit dir treffen.

21 EXTRA **Frageanhängsel** (Question tags)

Ü S. 86: 50

21.1 **Gebrauch** (Use)   2: 5

You're Leo, aren't you?
Du bist Leo, nicht wahr?

The pizzas were good, weren't they?
Die Pizzas waren gut, nicht?

The concert isn't over, is it?
Das Konzert ist (doch) nicht vorbei, oder?

We can meet in the library, can't we?
Wir können uns (doch) in der Bibliothek treffen, nicht?

"…, right?" is a question tag too, isn't it?

We can meet in the library, right?

Frageanhängsel wie *aren't you?, is it?, can't we?* werden häufig in der gesprochenen Sprache verwendet. Sie signalisieren, dass man **Zustimmung** zu seiner Aussage erwartet.

Deutsche Frageanhängsel sind „nicht wahr?", „nicht?", „oder?". In manchen Gegenden sagt man auch „ne?", „gell?" oder „woll?".

21.2 **Form** (Form)   2: 5

bejaht	verneint
The dancers were great,	*weren't they?*
I can take the bus,	*can't I?*
The bus stop is around the corner,	*isn't it?*
Lucy looked great,	*didn't she?*

verneint	bejaht
You aren't nervous,	*are you?*
The tickets weren't too expensive,	*were they?*
Oh dear … he can't cook very well,	*can he?*
Maya doesn't go to Plymstock,	*does she?*

There aren't many boys in your class, are there?
Es gibt nicht viele Jungen in deiner Klasse, oder?

Frageanhängsel bestehen aus **Hilfsverb + Personalpronomen**.

• Wenn der Aussagesatz bejaht ist, ist das Frageanhängsel verneint.

• Wenn der Aussagesatz verneint ist, ist das Frageanhängsel bejaht.

! **There** … im Aussagesatz bleibt **there** im Frageanhängsel:
There *aren't …, are* **there**?

Books are so heavy, aren't they?

Das Nomen (The noun)

22   Der Plural der Nomen (The plural of nouns)

Ⓤ *S. 87: 51–53*

22.1   Form (Form)   1 : 4

one pig      *two pig**s***
(singular)   (plural)

one **child** [aɪ]	*two* **children** [ɪ]	Kind – Kinder
man [æ]	**men** [e]	Mann – Männer
woman [ˈwʊmən]	**women** [ˈwɪmɪn]	Frau – Frauen
tooth	**teeth**	Zahn – Zähne
foot	**feet**	Fuß – Füße
mouse	**mice**	Maus – Mäuse
deer	**deer**	Reh, Hirsch – Rehe, Hirsche
fish	**fish**	Fisch – Fische
sheep	**sheep**	Schaf – Schafe

Du bildest den Plural (die Mehrzahl) eines Nomens, indem du ein **s** an das Nomen anhängst.

> **Singular + *s* → Plural**

Nach Zischlauten, z.B. [s], [z], [ʃ], [tʃ], [dʒ], wird **-es** oder **-s** angehängt, je nach Schreibung des Singulars:
*box – box**es**, cage – cage**s**.*

! Einige Nomen haben **unregelmäßige Pluralformen**.

22.2   Das Plural-*s*: Aussprache/Schreibung
(The plural-*s*: pronunciation/spelling)   1 : 4

*lamp**s*** [læmps]	*book**s*** [bʊks]
*cat**s*** [kæts]	*month**s*** [mʌnθs]
*club**s*** [klʌbz]	*bag**s*** [bægz]
*bed**s*** [bedz]	*girl**s*** [gɜːlz]
*boy**s*** [bɔɪz]	*tree**s*** [triːz]
*bus**es*** [ˈbʌsɪz]	*nose**s*** [ˈnəʊzɪz]
*watch**es*** [ˈwɒtʃɪz]	*horse**s*** [ˈhɔːsɪz]
*wish**es*** [ˈwɪʃɪz]	*cage**s*** [ˈkeɪdʒɪz]
*bab**y** – bab**ies***	*cit**y** – cit**ies***
*famil**y** – famil**ies***	*hobb**y** – hobb**ies***
*hal**f** [-f] – hal**ves** [-vz]*	*li**fe** – li**ves***
*shel**f** – shel**ves***	*thie**f** – thie**ves***
*potato – potato**es***	*tomato – tomato**es***
*(aber: disco – disco**s**, photo – photo**s**, radio – radio**s**, …)*	

Wie beim **s** der 3. Person Singular hängt die **Aussprache des Plural-s** vom vorhergehenden Laut ab:

[s]   nach **stimmlosen Konsonanten**, z.B. [p], [k], [t], [θ].

[z]   nach **stimmhaften Konsonanten**, z.B. [b], [g], [d], und nach **Vokalen**.

[ɪz] nach **Zischlauten**, z.B. [s], [z], [ʃ], [tʃ], [dʒ].

Bei der **Schreibung** gibt es folgende Besonderheiten:

- ■ *-y* nach **Konsonant + s → *-ies***
  (*-y* nach **Vokal** bleibt *-y*: *boy → **boys***)

- ■ Nomen, die auf *-f* oder *-fe* enden, bilden den Plural meist mit *-ves*.

- ■ Die Nomen ***potato*** und ***tomato*** bilden den Plural mit *-es*.

23 Singular und Plural: Besonderheiten
(Singular and plural: special cases)

 S. 87: 52–53

K **Singular im Englischen – Plural im Deutschen**

*Your **hair** is too long.*
Deine **Haare** sind zu lang.

*That's too much **homework**.*
Das sind zu viele **Hausaufgaben**.

*Here's some more **information** on Plymouth.*
Hier sind noch ein paar **Informationen** über Plymouth.

*Can you turn on the TV? The **news** is on now.*
… Es gibt jetzt **Nachrichten**. / Die **Nachrichten** kommen jetzt.

*OK, that's the bad **news**. And what's the good **news**?*
OK, das ist die schlechte **Nachricht**. … /
OK, das sind die schlechten **Nachrichten**. …

Einige englische Nomen sind – anders als ihre deutschen Entsprechungen – **nicht zählbar**:
Sie haben keinen Plural, sondern stehen **immer im Singular**.
Achte darauf, dass auch die zugehörigen Begleiter, Verben und Pronomen im Singular stehen.

! Zu diesen Nomen gehört auch ***news***, obwohl es auf **-s** endet.

K **Plural im Englischen – Singular im Deutschen**

*Those **jeans/shorts** are great. Were they expensive?*
Die **Jeans/Shorts** ist toll. War sie teuer?

*These **glasses** look nice. Can we buy them?*
Diese **Brille** sieht gut aus. Können wir sie kaufen?

*I need some new **sunglasses**. These are too small.*
Ich brauche eine neue **Sonnenbrille**. Diese ist zu klein.

*These **headphones/earphones** are better than yours.*
Dieser **Kopfhörer** ist besser als deiner.

Einige englische Nomen werden – anders als ihre deutschen Entsprechungen – **immer im Plural** gebraucht:
Sie haben keinen Singular und dürfen <u>nicht</u> mit dem unbestimmten Artikel *a* oder mit den Zahlwörtern *one/two/three* … verwendet werden.
Achte darauf, dass auch die zugehörigen Begleiter, Verben und Pronomen im Plural stehen.

*I bought **a new pair of** jeans yesterday.*   eine neue Jeans
*Why do you need **two pairs of** glasses?*   zwei Brillen

Wenn du eine bestimmte Anzahl nennen möchtest, musst du ***a pair of …, two pairs of …*** verwenden.

Clothes are quite cheap here.
Kleidung ist / **Kleider** sind …

*These **stairs** aren't very safe.*
Diese **Treppe** ist / Diese **Treppen** sind …

*Where are the **police**? Did you call them?*
Wo ist die **Polizei**? …

! Zu diesen Nomen gehören auch ***clothes*** und ***stairs*** sowie ***police***, obwohl es kein Plural-s hat.

I bought a new pair of glasses yesterday.

24 **Der s-Genitiv** (The possessive form)   1: 2   ⓤ *S. 88: 54–56*

English	**Stella's** *room*
German	**Stella**s Zimmer

Singular	**Skip's** *basket is in* **Abby's** *room.*
	Our teacher's *name is Mr Schwarz.*
	Skips Korb … Abbys Zimmer
	Der Name unseres Lehrers …

Plural	**The girls'** *room is upstairs.*
	The Blackwells' *house is in Wembury.*
	Das Zimmer der Mädchen …
	Das Haus der Blackwells …

the girl's trophies   **the girls'** trophies

Where is **Sam and Lily's** *house?*
Wo ist **Sam**s und **Lily**s Haus?

Wenn du sagen willst, dass etwas **jemandem gehört** (oder zu jemandem gehört), benutzt du den **s-Genitiv**.

❗ Anders als im Deutschen wird im Englischen das **s** mit einem **Apostroph** angehängt.

● Im Singular wird **'s** an das Nomen angehängt. Für die Aussprache gelten dieselben Regeln wie für das Plural-s.
▶ *Aussprache des Plural-s: 22.2*

● Wenn die Pluralform auf **s** endet, hängst du nur einen Apostroph (') an.

● Wenn etwas zwei Personen gleichzeitig gehört, wird nur einmal **'s** angehängt – anders als im Deutschen.

25 **Die of-Fügung** (The of-phrase)   ⓤ *S. 88: 56*

I like the colour **of** *your shirt.*	die Farbe deines Hemdes
What's the name **of** *the street?*	der Name der Straße

Ⓚ	the woman's name	the name of the street
	der Name **der Frau**	der Name **der Straße**

Wenn du sagen willst, dass etwas **zu einer Sache gehört**, benutzt du die **of-Fügung**.

Begleiter und Pronomen
(Determiners and pronouns)

26   Artikel (Articles)

Ü S. 89: 57–58

26.1   Form und Aussprache (Form and pronunciation)   1:1

Bestimmter Artikel		Unbestimmter Artikel	
the **b**oy	der Junge	**a** **b**oy	ein Junge
[ðə] **d**oor	die Tür	**d**oor	eine Tür
new car	das neue Auto	**new** car	ein neues Auto
DVDs	die DVDs		
the **u**ncle	der Onkel	**an** **u**ncle	ein Onkel
[ði] **au**nt	die Tante	**au**nt	eine Tante
old car	das alte Auto	**o**ld car	ein altes Auto
ideas	die Ideen		

Der **bestimmte Artikel** *(definite article)* heißt **the**, der **unbestimmte Artikel** *(indefinite article)* heißt **a** oder **an**.

● Wird das Nomen (bzw. das Adjektiv) am Anfang mit einem **Konsonanten** gesprochen, dann steht der unbestimmte Artikel **a**, und **the** wird [ðə] ausgesprochen.

● Wird das Nomen (bzw. das Adjektiv) am Anfang mit einem **Vokal** gesprochen, dann steht der unbestimmte Artikel **an**, und **the** wird [ði] ausgesprochen.

!
the **u**ncle [ði‿'ʌŋkl]		**the** **u**nit [ðə 'juːnɪt]	
an **u**ncle [ən‿'ʌŋkl]		**a** **u**nit [ə 'juːnɪt]	
the **h**our [ði‿'aʊə]		**the** **h**ouse [ðə 'haʊs]	
an **h**our [ən‿'aʊə]		**a** **h**ouse [ə 'haʊs]	
the **M**P3 player [ði‿ˌempiː'θriː]		**the** **m**atch [ðə 'mætʃ]	
an **M**P3 player [ən‿ˌempiː'θriː]		**a** **m**atch [ə 'mætʃ]	

! Vorsicht! Wichtig ist die **Aussprache** des Wortes, nicht, wie es geschrieben wird!

26.2   Besonderheiten (Special cases)

K
My uncle is a policeman.	Mein Onkel ist Polizist.
I want to be an actor.	Ich will Schauspieler/in werden.
(to) play the guitar/piano/…	Gitarre/Klavier/… spielen
(to) listen to the radio	Radio hören
(to) have a headache	Kopfschmerzen haben
(to) have a sore throat	Halsschmerzen haben
(to) be at school	in der Schule sein
(to) be in hospital	im Krankenhaus sein
(to) go to school/work	zur Schule/zur Arbeit gehen
(to) go to bed	ins Bett gehen
at 14 Dean Street	in der Dean Street 14
in King Street	in der King Street
by car/bike/bus	mit dem Auto/Rad/Bus
before/after breakfast	vor/nach dem Frühstück
in November	im November
at night	in der Nacht, nachts
most people	die meisten Leute

● Im Englischen stehen **Berufsangaben mit unbestimmtem Artikel**.

● Auch diese Wendungen stehen – im Gegensatz zu ihren deutschen Entsprechungen – **mit Artikel**.

● Diese englischen Wendungen stehen **ohne Artikel**.

27 Personalpronomen (Personal pronouns)   1: 1 – 1: 2   Ⓤ S. 89: 59

Subjektform (Subject form)	Objektform (Object form)
I can't do this.	*Can you help me?*
You can't see me.	*But I can see you.*
There's Sam. He's nice.	*Can you see him?*
Maya? She's OK.	*I like her.*
The cat? It's here.	*Can't you see it.*
We can't do this.	*Can you help us?*
Lucy and Abby, where are you?	*I can't see you.*
They're in the garden.	*I can see them.*

Personalpronomen stehen stellvertretend für ein Nomen (**Pro**nomen heißt „**für** ein Nomen").

Wie im Deutschen gibt es **Subjektformen** und **Objektformen**:

- Als **Subjekt** des Satzes stehen die Personalpronomen ***I, you, he, she, it, we, you, they***.

- Als **Objekt** des Satzes stehen die Personalpronomen ***me, you, him, her, it, us, you, them***.

Anders als im Deutschen gibt es für jede Person nur eine Objektform:
- *Help **me/him/her/us/them**.*
  *Hilf **mir/ihm/ihr/uns/ihnen**.*
- *Ask **me/him/her/us/them**.*
  *Frag **mich/ihn/sie/uns/sie**.*

A **pencil**.	A **school bag**.	A **ruler**.
It's green.	It's red.	It's brown.
Er ist grün.	Sie ist rot.	Es ist braun.

❗ Das Pronomen **it** steht für **alle** Dinge. (Deutsch: „er", „sie", „es")

28 Possessivbegleiter (Possessive determiners)   1: 1   Ⓤ S. 90: 60

I	–	**my** room	*mein Zimmer*
you	–	**your** room	*dein/Ihr Zimmer*
he	–	**his** room	*sein Zimmer*
she	–	**her** room	*ihr Zimmer*
it	–	**its** room	*sein/ihr Zimmer*
we	–	**our** room	*unser Zimmer*
you	–	**your** room	*euer/Ihr Zimmer*
they	–	**their** room	*ihr Zimmer*

Die **Possessivbegleiter** *my, your, his, her, its, our, your, their* zeigen an, wem (oder zu wem) etwas gehört. Sie werden daher auch **besitzanzeigende Begleiter** genannt.

Their name is Taylor.   They're new in our street.
Ihr Name …   Sie sind …

I don't like your dog.   But you're nice.
      … deinen Hund   du bist …

[hɪz]   [hiːz]
His brother is 14, and he's 16.
Sein Bruder …   er ist …

It's a rat, and its cage is in my room.
Es ist …   ihr Käfig …

❗ Einige Possessivbegleiter kann man leicht mit Kurzformen von *be* verwechseln, z.B. *its* und *it's*.

29 Possessivpronomen (Possessive pronouns)   2:2   Ⓤ S. 90: 61

my room	–	mine	meiner, meine, meins
your room	–	yours	deiner, deine, deins; Ihrer, Ihre, Ihrs
his room	–	his	seiner, seine, seins
her room	–	hers	ihrer, ihre, ihrs
our dog	–	ours	unserer, unsere, unseres
your dog	–	yours	eurer, eure, eures; Ihrer, Ihre, Ihrs
their dog	–	theirs	ihrer, ihre, ihrs

Auch die **Possessivpronomen** *mine, yours, his, hers, ours, yours, theirs* drücken Besitz oder Zugehörigkeit aus. Sie werden daher manchmal **besitzanzeigende Pronomen** genannt.

Anders als die Possessivbegleiter *my, your, his, her, our* usw. stehen sie **allein, ohne Nomen**.

Du verwendest ein Possessivpronomen, wenn du ein schon genanntes Nomen nicht noch einmal wiederholen willst:

statt	This is my T-shirt, not **your T-shirt**.
lieber	This is my T-shirt, not **yours**.

30 this, that – these, those   1:4   Ⓤ S. 91: 62

This is a nice dress.	That dress is even nicer.
Dies (hier) …	Das Kleid dort …
These jeans are great.	And look at those T-shirts!
Diese Jeans/Die Jeans hier …	… die T-Shirts da

Die Wörter *this* und *that* (Singular) und *these* und *those* (Plural) weisen auf etwas hin. Sie können

• **vor einem Nomen** oder
• **allein, anstelle eines Nomens** stehen.

Man nennt sie **Demonstrativbegleiter** (*demonstrative determiners*) bzw. **Demonstrativpronomen** (*demonstrative pronouns*).

Wenn etwas **näher beim Sprecher** ist, verwendet man eher **this** (bzw. **these**).

Wenn etwas **weiter entfernt** ist, verwendet man eher **that** (bzw. **those**).

31 Mengenangaben (Quantifiers)

31.1 much/many – lots of („viel/viele")   1: 4

Zählbare Nomen (Countable nouns)

DVD – DVDs	orange – oranges	idea – ideas	boy – boys
DVD – DVDs	Orange – Orangen	Idee – Ideen	Junge – Jungen

Nicht zählbare Nomen (Uncountable nouns)

milk	money	music	time
Milch	Geld	Musik	Zeit

How **many** CDs do you have? Wie viele CDs …?
– Not **many**. Only ten or twelve. Nicht viele.
  But I have **lots of** DVDs. … viele DVDs.

How **much** milk do we need? Wie viel Milch …?
– Not **much**. Just three or four bottles. Nicht viel.
  But we need **lots of** juice. … viel Saft.

⚠ Bejahter Aussagesatz: We need lots of/a lot of oranges and
                          lots of/a lot of juice.

Verneinter Aussagesatz: But we don't need many bananas.
                          And we don't need much milk.

Frage: Were there many people at your party
        last Saturday?
        Did you need much money for food
        and drinks?

ü *S. 91: 63–64*

● Im Deutschen verwenden wir **„viele"** mit dem Plural von zählbaren Nomen:
  viele DVDs, Orangen, Ideen, Jungen, …

● Und **„viel"** steht mit nicht zählbaren Nomen:
  viel Milch, Geld, Musik, Zeit, …

Auch im Englischen musst du darauf achten, ob es sich um ein zählbares oder um ein nicht zählbares Nomen handelt:

● Mit dem Plural von zählbaren Nomen verwendest du **many** oder **lots of**:
  many DVDs, oranges, ideas, boys, …
  lots of DVDs, oranges, ideas, boys, …

● Mit nicht zählbaren Nomen verwendest du **much** oder **lots of**:
  much milk, money, music, time, …
  lots of milk, money, music, time, …

⚠ Beachte, dass in bejahten Aussagesätzen meist **lots of** (oder **a lot of**) steht.

In verneinten Aussagesätzen und in Fragen wird dagegen eher **many** bzw. **much** verwendet.

How many cakes?   *How much milk?*

lots of/   not many   lots of/   not much
a lot of   a lot of

31.2   some/any   2: 4   Ü S. 92: 65

+	Can you go to the shops? We need **some oranges**.
	… Wir brauchen einige/ein paar **Orangen**.
	I'm hungry. – There's **some cheese** in the fridge.
	… Im Kühlschrank ist etwas/ein bisschen **Käse**.
–	There is**n't any milk**.
	Wir haben keine **Milch** (mehr).
?	Are there **any biscuits?** – No, there are**n't any**.
	Gibt es (noch) **Kekse**? – Nein, es sind keine mehr da.
	Do you have **any questions?**
	Habt ihr (irgendwelche) **Fragen**?

- **some** steht vor allem in **bejahten Aussagesätzen (+)**. Es bedeutet „einige" (some DVDs/oranges/boys/…) oder „etwas" (some milk/money/music/…).
- **any** steht vor allem in **verneinten Aussagesätzen (–)** und in **Fragen (?)**.

! Im Deutschen kann man fragen „Gibt es Kekse?", aber im Englischen steht meist **any**: Are there **any** biscuits?

31.3   somebody/anybody – something/anything   2: 4   Ü S. 92: 66

+	I think there's **somebody** at the door.	jemand
–	No, there is**n't anyone** there.	niemand
?	Can you see **anybody?**	(irgend)jemand
+	Let's go and get **something** to eat.	etwas
–	I'm too nervous. I ca**n't** eat **anything**.	nichts
?	Is there **anything** I can do for you?	(irgend)etwas

Für die Zusammensetzungen mit **some** und **any** gelten dieselben Regeln:

- **somebody/someone** und **something** stehen vor allem in **bejahten Aussagesätzen (+)**.
- **anybody/anyone** und **anything** stehen vor allem in **verneinten Aussagesätzen (–)** und in **Fragen (?)**.

I'm looking for something exciting to read.

- In bejahten Aussagesätzen: *some, somebody, something*.
- In verneinten Aussagesätzen und in Fragen: *any, anybody, anything*.

31.4   *some, something* usw. in Angeboten und Bitten   Ü S. 92: 65
(some, something etc. in offers and requests)   2: 4

Would you like something to eat? Some chips perhaps?

No, thanks. But can I have something to drink? Some lemonade?

! In Fragen, mit denen man **etwas anbietet** oder **um etwas bittet**, verwendet man *some, somebody/someone, something*.

Bei Fragen, die ein **Angebot** oder eine **Bitte** sind: *some, somebody, something*.

Das Adjektiv (The adjective)

32 Gebrauch (Use)

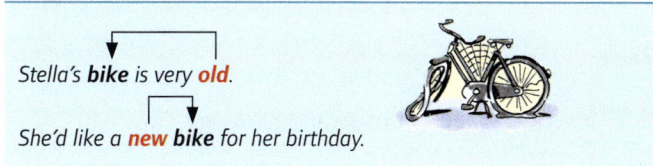

Stella's **bike** is very **old**.

She'd like a **new** **bike** for her birthday.

Ü S. 93: 67

Adjektive verwendest du, um **Eigenschaften** oder **Merkmale** einer Person oder Sache zu beschreiben.

33 Die Steigerung der Adjektive
(The comparison of adjectives)

Ü S. 93: 68

Die **Steigerungsformen** der Adjektive werden verwendet, um Personen oder Dinge miteinander zu vergleichen.

33.1 –er/–est   2: 2

	Komparativ (Comparative)	Superlativ (Superlative)
old alt	**old**er älter	(the) **old**est der/die/das älteste …; am ältesten
funny witzig	**funni**er witziger	(the) **funni**est der/die/das witzigste …; am witzigsten

I think cats are nicer than dogs.

The garden is bigger than it looks in the photo.

Who do you think is funnier, Sam or Justin?

Mit **–er/–est** werden gesteigert

- **einsilbige Adjektive** (old, small, dark, big, …)

- **zweisilbige Adjektive** mit der Endung **–y** (funny, happy, pretty, easy, …).

! Schreibung:
- Ein stummes **e** fällt weg: nic**e** – nic**er** – nic**est**.
- Nach einem einzelnen, betonten Vokal wird der Konsonant verdoppelt: bi**g** – bi**gg**er – bi**gg**est.
- **y + –er/–est** wird zu **–ier/–iest**: funn**y** – funn**ier** – funn**iest**.

33.2 more/most   2: 2

	Komparativ (Comparative)	Superlativ (Superlative)
careful vorsichtig	**more** careful vorsichtiger	(the) **most** careful der/die/das vorsichtigste …; am vorsichtigsten
difficult schwierig	**more** difficult schwieriger	(the) **most** difficult der/die/das schwierigste …; am schwierigsten

Die meisten anderen Adjektive werden mit **more/most** gesteigert.
Beispiele: careful, boring, terrible, expensive, difficult, beautiful…

The library is the most exciting place in the world.

33.3 Unregelmäßige Steigerung (Irregular comparison)   2: 2

	Komparativ (Comparative)	Superlativ (Superlative)
good	**better**	(the) **best**
bad	**worse**	(the) **worst**
much/ many	**more**	(the) **most**

Die Adjektive **good, bad** und **much/many** haben besondere Steigerungsformen.

34 Das Adjektiv in Vergleichen
(The adjective in comparisons)   2: 2

Ü *S. 93–94: 69–71*

*Lucy is **as old as** Maya.*
Lucy ist so alt wie Maya.

*Sam is**n't as old as** Justin.*
Sam ist nicht so alt wie Justin.

*Justin is **older than** Sam.*
Justin ist älter als Sam.

*Lucy's sister Holly is **the oldest**,
and Sam's sister Lily is **the youngest**.*
Lucys Schwester Holly ist die älteste,
und Sams Schwester Lily ist die jüngste.

*Mukesh is Maya's brother. He's **older than** her.*
                                    … älter als sie.

*Sam is Justin's friend. He isn't **as old as** him.*
                                    … nicht so alt wie er.

- Wenn Personen oder Dinge **gleich** alt/ groß/schwierig/… sind, vergleichst du sie mit **as … as**:

  as old/big/difficult/… **as**

- Wenn Personen oder Dinge **unterschiedlich** alt/groß/schwierig/… sind, vergleichst du sie mit **Komparativ + than**:

  older/bigger/more difficult/… than
  „älter/größer/schwieriger/… als"

- Wenn du sagen möchtest, wer oder was am ältesten/größten/schwierigsten ist, verwendest du **the + Superlativ**:

  the oldest/biggest/most difficult/…

! In Vergleichen mit **than** und **as … as** stehen die Personalpronomen **me/him/her/us** usw.:

older than me/him/her/us/them

*Julie Miller is 13. Her brother Jake is **younger** – he's ten.
James is **the oldest**, and Baby Jodie is **the youngest**.*

*The Millers' dog is **bigger than** Jodie!*

Das Adverb der Art und Weise
(The adverb of manner)

35 Gebrauch (Use) 2: 3

My brother was very excited.	Mein Bruder war sehr aufgeregt.
Grandpa is a careful driver.	Opa ist ein vorsichtiger Fahrer.
"That's great," he said excitedly.	…, sagte er aufgeregt/ mit aufgeregter Stimme.
Grandpa always drives carefully.	Opa fährt immer vorsichtig.

K | *Sam shook his head slowly.* |
| Sam schüttelte langsam den Kopf. |

▶ *Stellung der Adverbien der Art und Weise: 8.2*

Ⓤ *S. 95: 72–73 / S. 96: 76–77*

- Adjektive beziehen sich auf ein Nomen.
  Sie sagen aus, wie etwas oder jemand **ist**.

- Adverbien der Art und Weise beziehen sich auf ein Verb.
  Sie sagen aus, wie jemand etwas **tut** oder wie etwas **geschieht**.

! Im Deutschen können Adverbien der Art und Weise zwischen Verb und Objekt stehen. Englische *adverbs of manner* dürfen **nicht zwischen Verb und Objekt** stehen!

36 Form (Form) 2: 3

Ⓤ *S. 95–96: 74–75*

36.1 Regelmäßige Formen (Regular forms)

Adjektiv				**Adverb**
	excited	→	excited**ly**	
	careful	→	careful**ly**	
	slow	→	slow**ly**	

My sister shouted at me **angrily**.

You should use water **responsibly**. (verantwortungsvoll,-bewusst)

Arsenal London played **fantastically**.

Adjektiv	*We're always* **careful**.	Wir sind immer **vorsichtig**.
Adverb	*We drive* **carefully**.	Wir fahren **vorsichtig**.

Die meisten Adverbien der Art und Weise entstehen durch Anhängen von *-ly* an das Adjektiv.

! **Schreibung:**
- *-y* + *-ly* wird zu *-ily*:
  angr**y** → angr**ily**   eas**y** → eas**ily**
- *-le* wird zu *-ly*:
  responsib**le** → responsib**ly**
- Nach *-ic* wird *-ally* angehängt:
  fantast**ic** → fantast**ically**

! Im Deutschen haben Adverbien der Art und Weise und Adjektive dieselbe Form, im Englischen in der Regel nicht.

36.2 Unregelmäßige Formen (Irregular forms) 2: 3

Adjektiv	*"Your homework was very* **good***, Sam," said Miss Bell.*
Adverb	*"You did your homework very* **well***, Sam," she said.*
Adjektiv	*Rabbits are very* **fast** *animals.*
Adverb	*They can run very* **fast***.*
Adjektiv	*It was* **hard** *work to save the baby seal.*
Adverb	*They worked* **hard** *to save the baby seal.*

Einige Adverbien der Art und Weise haben eine unregelmäßige Form.

- Das Adverb zu **good** heißt **well**.

- Bei **fast** und **hard** sind Adjektiv und Adverb gleich.

Morph waited nervously on the shelf till the cat walked away.

Fragewörter (Question words)

Ü S. 97: 78

37 who

Who plays basketball? – Sam does.	**Wer?**
Who did Justin visit in Boston? – His dad.	**Wen?**
Who did you tell about our plan? – Nobody.	**Wem?**

▶ *Fragen nach dem Subjekt / Fragen nach dem Objekt: 6.3*

Mit *who* wird nach Personen gefragt. Deutsche Entsprechungen für *who* sind „wer" (Fragen nach dem Subjekt) bzw. „wen" / „wem" (Fragen nach dem Objekt).

38 whose

Whose **father** works in Boston?	**Wessen?**
Whose **dress** do you like better: Maya's or Lucy's?	

▶ *Fragen nach dem Subjekt / Fragen nach dem Objekt: 6.3*

Mit *whose* (+ **Nomen**) wird gefragt, wem oder zu wem etwas oder jemand gehört.

39 what

What happened in the park today?	**Was?**
What did you do last Saturday?	

▶ *Fragen nach dem Subjekt / Fragen nach dem Objekt: 6.3*

Mit *what* wird nach Dingen oder Ereignissen gefragt.

40 which

Which **bus** goes to Bristol?	**Welcher?**
Which **bus** do we have to take?	**Welchen?**
Which of these bags is Olivia's? And *which* is yours?	**Welche?**
Which **girl** in your class speaks Spanish?	**Welches?**

▶ *Fragen nach dem Subjekt / Fragen nach dem Objekt: 6.3*

Mit *which* (+ **Nomen**) fragt man nach Dingen oder Personen **aus einer begrenzten Anzahl**:
- „Welcher Bus (von denen, die hier abfahren)?"
- „Welche Tasche (von denen, die ich hier vor mir habe)?"
- „Welches Mädchen (von denen aus deiner Klasse)?"

!
What **colour** is your car?
(„Welche von allen denkbaren Farben?" – Anzahl <u>unbegrenzt</u>)
Which **colour** do you like better, red or blue?
(„Welche von den genannten Farben?" – Anzahl <u>begrenzt</u>)

41 when – where – why – how

When do you get up on school days?	**Wann?**
Where is your sister?	**Wo?**
Where are you going?	**Wohin?**
Why did he go home? – Because he didn't feel well.	**Warum?**
How do you spell 'monkey'?	**Wie?**
How **many** boys are there in your class?	**Wie viele?**
How **much** money do you have?	**Wie viel?**
How **much** is the T-shirt?	**Wie viel?**

Bei diesen Fragewörtern geht es um
- **Zeit**
- **Ort und Richtung**

- **Grund**
- **Art und Weise**
- **Anzahl**
- **Menge**
- **Preis**.

Präpositionen (Prepositions)

Ü S. 97–98: 79–82

42 Gebrauch (Use)

Where's my school bag?
– It's there, on the sofa / under your desk /
  behind the chair / in the cupboard / …

at, behind, between, in, next to, on, under, …
into, on, out of, through, under, up, …

after, at, before, between, in, on, past, till, …

about, for, from, of, on, like, with, without, …

Präpositionen (Verhältniswörter) kennzeichnen unter anderem räumliche und zeitliche Verhältnisse.

Sie lassen sich einteilen in

- Präpositionen des **Ortes** und der **Richtung**

- Präpositionen der **Zeit**

- **sonstige** Präpositionen.

K		
Who are you **talking** about?	Über wen / Von wem …?	
Where do they **come** from?	Woher / Von wo … ?	
What are you **thinking** of?	Woran / An was … ?	
What is she **laughing** at?	Worüber / Über was … ?	

! Präpositionen stehen normalerweise vor einem Nomen oder Pronomen (on the sofa; on it). Aber in Fragesätzen mit who, what usw. stehen sie hinter dem Verb.

43 Englisch *at, in, on* · Deutsch „von", „vor"

! Präpositionen können verschiedene Verhältnisse kennzeichnen – und dabei verschiedene Entsprechungen haben.

at	at the bus stop	an der Haltestelle	at work	bei der Arbeit, am Arbeitsplatz
	at the market	auf dem Markt	at 8 Beach Road	in der Beach Road 8
	at school	in der Schule	at the weekend	am Wochenende
	at home	zu Hause, daheim	at night	in der Nacht, nachts

in	in the garden	im Garten	in 1580	im Jahr 1580
	in the field	auf dem Feld/der Wiese	in the evening(s)	am Abend, abends
	in the world	auf der Welt	in English/German	auf Englisch/Deutsch
	in the photo	auf dem Foto	in a loud voice	mit lauter Stimme

on	on the table	auf dem Tisch	on the radio/TV	im Radio/Fernsehen
	on the beach	am Strand	on holiday	in/im Urlaub
	on the left/right	auf der linken/rechten Seite	on 12th July	am 12. Juli
	on the bus/train	im Bus/Zug	on Friday evening	am Freitagabend

Deutsch „von"

ein Buch von Karl May	a book by Karl May
ein Foto von Karl May	a photo of Karl May
ein Brief von Karl May	a letter from Karl May

Deutsch „vor"

vor unserem Haus	in front of our house
vor dem Mittagessen	before lunch
vor drei Jahren	three years ago
Viertel vor zwölf	quarter to twelve

Konjunktionen (Conjunctions)

(ü) S. 99: 83

44 Gebrauch (Use)

*Mum **and** Dad are in the garden.*

*Do you want to play **in the garden or by the river**?*

*He didn't feel well **and** stayed at home.*
*He stayed at home **because** he didn't feel well.*

Konjunktionen (Bindewörter) verbinden

- Wörter (hier: *Mum, Dad*)
- Satzteile (hier: *in the garden, by the river*)
- Sätze.

44.1 Nebenordnende Konjunktionen
(Coordinating conjunctions)

*Lucy is at Plymstock School, **and** Maya is at Coombe Dean.*	**und**
*In the evenings, I skype with my friends **or** read a book.*	**oder**
*Mukesh goes to a sports school, **but** he doesn't do sport.*	**aber**

Nebenordnende Konjunktionen verbinden Hauptsätze oder Satzteile.
(Sie werden auch <u>koordinierende</u> Konjunktionen genannt.)

44.2 Unterordnende Konjunktionen
(Subordinating conjunctions)

Hauptsatz	Nebensatz
Ryan made tea	***when** his mother came home from work.*
Ryan machte Tee,	*als seine Mutter von der Arbeit heimkam.*

Unterordnende Konjunktionen leiten Nebensätze ein und verbinden sie mit Hauptsätzen.
(Unterordnende Konjunktionen werden auch <u>subordinierende</u> Konjunktionen genannt.)

*She got a job in a bank **after** she left school.*	**nachdem**
*Everybody cheered **as** the band went on stage.*	**als, während**
*Gavin couldn't come **because** he was too busy.*	**weil**
*Wash your hands **before** we eat.*	**bevor**
***If** you don't go now, you will be late.*	**wenn, falls**
*Please speak louder **so (that)** we can hear you.*	**sodass, damit**
*I didn't know **that** she was German.*	**dass**
*Let's wait at the bus stop **until/till** the rain is over.*	**bis**
*I have to look after my brother **when** Mum goes shopping.*	**wenn**
*Skip was excited **when** he found a crab.*	**als**

K

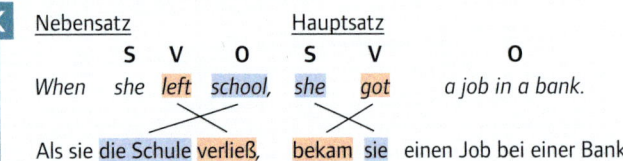

! **Beachte die Unterschiede bei der Wortstellung:**

- In englischen Nebensätzen ist die Wortstellung **S – V – O**.
- Die Wortstellung im englischen Hauptsatz bleibt **S – V – O**, auch wenn der Hauptsatz auf den Nebensatz folgt.

Bedingungssätze (Conditional sentences)

45 Bedingungssätze, Typ 1
(Conditional sentences, type 1)   2: 5

Ü *S. 99–100: 84–88*

if-Satz (if-clause)	Hauptsatz (Main clause)
If the weather is good, Wenn das Wetter gut ist,	**we'll have a picnic in the park.** machen wir ein Picknick im Park.
If it rains, Wenn es regnet,	**we'll stay at home.** werden wir zu Hause bleiben.
Bedingung	**Folge**

Bedingungssätze bestehen aus zwei Teilen: einem **Nebensatz mit if** („wenn", „falls") und einem **Hauptsatz**.

Bedingungssätze vom Typ 1 sind **„Was ist, wenn …"-Sätze**: Sie beschreiben, was unter bestimmten Bedingungen geschieht oder nicht geschieht.

Die Bedingung steht im *if*-Satz; der Hauptsatz sagt aus, was passiert, wenn die Bedingung erfüllt wird.

---

if-Satz: simple present	Hauptsatz: will-future

If you *wear* trainers to school,   *you'll be* in trouble.
If she *doesn't go* now,   *she'll be* late.
If you *go* to bed now,   *you won't feel* tired tomorrow.

If you visit me, I *can* show you my rabbits.
You *must* visit the Barbican if you are in Plymouth.
If you don't want to miss the show, you *should* be there at 6 pm.
Call our hotline if you need more information.

Im *if*-Satz steht das *simple present*. Im Hauptsatz steht meist das *will-future*.

Im Hauptsatz kann auch ein Modalverb *(can, must, should, …)* oder ein Imperativ stehen.

 When I see Grandma, I'll ask her to phone you.
Wenn (= Sobald / Dann wenn) ich Oma sehe, …
(Es steht schon fest, dass ich Oma sehen werde.)

If I see Grandma, I'll ask her to phone you.
Wenn (= Falls) ich Oma sehe, …
(Es ist noch unsicher, ob ich Oma sehen werde.)

! Verwechsle nicht *when* und *if*:

– **when** heißt „sobald", „dann wenn".

– **if** heißt „wenn", „falls".

I'll be late if I don't hurry up now.

46 EXTRA **Bedingungssätze, Typ 2**
(Conditional sentences, type 2)   2: 6

Ü S. 101: 89–90

1   *If I found a gold coin, I would take it to the police.*
    Wenn ich eine Goldmünze fände/finden würde,
    würde ich sie zur Polizei bringen.

2   *If Grandma was younger, she would learn to ski.*
    Wenn Oma jünger wäre, würde sie Ski fahren lernen.

Bedingungssätze vom Typ 2 sind
„Was wäre, wenn …"-Sätze.
Der Sprecher hält es für **unwahrscheinlich**
(oder es ist **unmöglich**), dass die Bedingung
aus dem *if*-Satz erfüllt wird:
(1) Es ist unwahrscheinlich, dass ich eine
    Goldmünze finde.
(2) Oma ist nun mal nicht jünger, also wird
    sie wohl nicht Ski fahren lernen.
Beide Sätze sagen nur, was wäre, wenn …

---

if-Satz: simple past	Hauptsatz: *would/could* + Infinitiv
If my sister had *more money,*	*she* would travel *to Asia.*
If you were *really thirsty,*	*you'd be happy to drink water.*
If you didn't talk,	*we* could hear *the teacher better.*

Im *if*-Satz steht das *simple past*.
Im Hauptsatz steht *would* + Infinitiv oder
could + Infinitiv.

K   *If I found a gold coin …*   (**nicht:** *If I would find* …)
    … fände / finden würde …

! Im *if*-Satz darf <u>nicht</u> *would* stehen!
Im deutschen „wenn"-Satz verwenden wir
oft „würde", aber im englischen *if*-Satz steht
das *simple past*.

Im *if*-Satz *simple past*
(nicht *would*)!

*If I were you,
I'd see a doctor!*

Wenn ich du wäre, würde ich … / Ich an deiner Stelle würde …

Statt *was* steht im *if*-Satz manchmal **were**,
besonders in **Ratschlägen**:
If I were you, …

Relativsätze (Relative clauses)

47 Gebrauch (Use)   2: 3

There's the **girl** *who we met at Ryan's party*.
Da ist das Mädchen, das wir auf Ryans Party getroffen haben.

Do you know the little **shop** *that makes its own chocolates*?
Kennst du den kleinen Laden, der seine eigenen Pralinen herstellt?

It's a **thing** *that helps you to see in the dark*.
– Oh, I think you mean a torch.   (Taschenlampe)

K

	S	V	O
The woman	who	helped	us	…

Die Frau,   die uns geholfen hat,   …

(Ü) S. 102–104: 91–95

Relativsätze beziehen sich auf ein Nomen. Erst durch den Relativsatz wissen wir, wer oder was genau gemeint ist:

– Welches Mädchen ist gemeint?
   Das Mädchen, das auf Ryans Party war.

– Welcher Laden ist gemeint?
   Der Laden, der seine eigenen Pralinen herstellt.

Relativsätze sind sehr nützlich, wenn du etwas beschreiben möchtest, wofür du das englische Wort nicht kennst.

! **Beachte** die unterschiedliche Wortstellung in englischen und deutschen Relativsätzen.

48 Die Relativpronomen *who, which, that*
(The relative pronouns *who, which, that*)   2: 3

Do you know the song 'The **man** *who* sold the world'?
     … „Der Mann, der die Welt verkaufte"

I like **books** *which* make me laugh.
… Bücher, die mich zum Lachen bringen.

You're the only **person** *who/that* understands me.
   … die einzige Person, die mich versteht.
Is that the **bus** *which/that* goes to Plymouth?
   … der Bus, der nach Plymouth fährt?

(Ü) S. 102–104: 91–95

● Das Relativpronomen *who* steht nur in Relativsätzen, die **Personen** beschreiben:
*the **man/woman/people** who* …

● Das Relativpronomen *which* steht nur in Relativsätzen, die **Dinge (und Tiere)** beschreiben:
*the **book/bag/animals** which* …

● Das Relativpronomen *that* kannst du für **Personen und Dinge** verwenden.
(Für Personen wird allerdings häufiger *who* benutzt.)

who für Personen
which für Dinge
that für Personen und Dinge

49 EXTRA **Relativsätze ohne Relativpronomen**

(Contact clauses)   2: 6

Ü S. 105: 96–97

		Subject	
1	*Mukesh is the boy*	*who*	*likes computer games.*
	Mukesh ist der Junge,	der	Computerspiele mag.
	There's the shop	*that*	*sells cheap T-shirts.*
	Da ist der Laden,	der	billige T-Shirts verkauft.

		Object	*Subject*	
2	*There's the boy*	*who*	*you*	*met at Ryan's party.*
	Da ist der Junge,	den	du	… getroffen hast.
	Where's the DVD	*that*	*Olivia*	*gave you?*
	Wo ist die DVD,	die	Olivia	dir gegeben hat?

*There's **the boy you met at Ryan's party**.*

*Where's **the DVD Olivia gave you**?*

*Dartmoor is **one of the most beautiful regions I know**.*
Dartmoor ist eine der schönsten Regionen, die ich kenne.

The concert I told you about *is sold out.*
Das Konzert, von dem ich dir erzählt habe, ist ausverkauft.

*What's the name of **the family you stayed with**?*
Wie heißt die Familie, bei der ihr gewohnt habt?

Do you know the girl who won *the race?*

(**nicht:** *Do you know ~~the girl won the race~~?*)

Die Relativpronomen *who, which* und *that* können **Subjekt** oder **Objekt** sein:

(1) In diesen Sätzen sind die Relativpronomen Subjekt des Relativsatzes.
Sie stehen direkt vor dem Verb.

(2) Hier sind die Relativpronomen Objekt des
Relativsatzes.

Wenn das Relativpronomen **Objekt** des
Relativsatzes ist, wird es **oft weggelassen**.
Relativsätze ohne Relativpronomen nennt
man *contact clauses*.

! Wenn das **Relativpronomen direkt vor dem
Verb** steht, ist es Subjekt – dann darfst du es
nicht weglassen!

*Is that the seal I saw
here yesterday?*

Kurz- und Langformen
(Short and long forms)

50 Übersicht (Overview)

Ü S. 106: 98

---

be

I'm	I am	**here's**	here is
you're	you are	**there's**	there is
he's	he is	**what's**	what is
she's	she is	**when's**	when is
it's	it is	**where's**	where is
we're	we are	**who's**	who is
you're	you are	**how's**	how is
they're	they are	**that's**	that is

have + past participle (present perfect)

I've been	I have been
you've been	you have been
he's been	he has been
she's been	she has been
it's been	it has been
we've been	we have been
you've been	you have been
they've been	they have been

will / would

I'll	I will	**I'd**	I would
you'll	you will	**you'd**	you would
he'll	he will	**he'd**	he would
she'll	she will	**she'd**	she would
it'll	it will	**it'd**	it would
we'll	we will	**we'd**	we would
you'll	you will	**you'd**	you would
they'll	they will	**they'd**	they would

Hilfsverb + not

isn't	is not	**hasn't**	has not	**don't**	do not	**can't**	cannot
aren't	are not	**haven't**	have not	**doesn't**	does not	**couldn't**	could not
						mustn't	must not
wasn't	was not			**didn't**	did not	**needn't**	need not
weren't	were not					**won't**	will not
						wouldn't	would not

Beim Sprechen und in persönlichen Briefen werden meist **Kurzformen** verwendet.

Unregelmäßige Verben
(Irregular verbs)

51 Übersicht (Overview)   Ü S. 106–107: 99–100

infinitive	simple past	past participle	
(to) **be**	*I/he/she/it* **was**; *you/we/you/they* **were**	**been**	sein
(to) **become**	**became**	**become**	werden
(to) **begin**	**began**	**begun**	beginnen, anfangen
(to) **bite** [aɪ]	**bit** [ɪ]	**bitten** [ɪ]	beißen
(to) **blow** sth. **out**	**blew**	**blown**	etwas auspusten, ausblasen
(to) **break** [eɪ]	**broke**	**broken**	brechen; zerbrechen
(to) **bring**	**brought**	**brought**	(mit-, her)bringen
(to) **build**	**built**	**built**	bauen
(to) **buy**	**bought**	**bought**	kaufen
(to) **catch**	**caught**	**caught**	fangen
(to) **choose** [uː]	**chose** [əʊ]	**chosen** [əʊ]	aussuchen, (aus)wählen; sich aussuchen
(to) **come**	**came**	**come**	kommen
(to) **cost**	**cost**	**cost**	kosten
(to) **cut**	**cut**	**cut**	schneiden
(to) **do**	**did**	**done** [ʌ]	tun, machen
(to) **draw**	**drew**	**drawn**	zeichnen
(to) **drink**	**drank**	**drunk**	trinken
(to) **drive** [aɪ]	**drove** [əʊ]	**driven** [ɪ]	*(mit dem Auto)* fahren
(to) **eat**	**ate** [et, eɪt]	**eaten**	essen
(to) **fall**	**fell**	**fallen**	fallen, stürzen; hinfallen
(to) **feed**	**fed**	**fed**	füttern
(to) **feel**	**felt**	**felt**	fühlen; sich fühlen
(to) **fight**	**fought**	**fought**	(be)kämpfen
(to) **find**	**found**	**found**	finden
(to) **fly**	**flew**	**flown**	fliegen
(to) **forget**	**forgot**	**forgotten**	vergessen
(to) **get**	**got**	**got**	bekommen; holen, besorgen; werden; gelangen, (hin)kommen
(to) **give**	**gave**	**given**	geben
(to) **go**	**went**	**gone** [ɒ]	gehen
(to) **grow**	**grew**	**grown**	wachsen; anbauen, anpflanzen
(to) **hang**	**hung**	**hung**	hängen
(to) **have**	**had**	**had**	haben
(to) **hear** [ɪə]	**heard** [ɜː]	**heard** [ɜː]	hören
(to) **hide** [aɪ]	**hid** [ɪ]	**hidden** [ɪ]	verstecken; sich verstecken
(to) **hit**	**hit**	**hit**	schlagen

infinitive	simple past	past participle	
(to) hold	held	held	halten
(to) hurt	hurt	hurt	schmerzen, wehtun; verletzen
(to) kneel [niːl]	knelt [nɛlt]	knelt [nɛlt]	knien
(to) know [nəʊ]	knew [njuː]	known [nəʊn]	wissen; kennen
(to) leave [iː]	left	left	(weg)gehen; abfahren; (zurück)lassen; verlassen
(to) lie	lay	lain	liegen
(to) light [aɪ]	lit [ɪ]	lit [ɪ]	anzünden
(to) lose [uː]	lost [ɒ]	lost [ɒ]	verlieren
(to) make	made	made	machen; herstellen
(to) mean [iː]	meant [e]	meant [e]	bedeuten; meinen
(to) meet [iː]	met [e]	met	treffen; sich treffen; kennenlernen
(to) pay	paid	paid	bezahlen
(to) put	put	put	*(etwas wohin)* tun, legen, stellen
(to) read [iː]	read [e]	read [e]	lesen
(to) ride [aɪ]	rode	ridden [ɪ]	reiten; *(Rad)* fahren
(to) ring	rang	rung	klingeln, läuten
(to) run	ran	run	rennen, laufen
(to) say [eɪ]	said [e]	said [e]	sagen
(to) see	saw	seen	sehen
(to) sell	sold	sold	verkaufen
(to) send	sent	sent	schicken, senden
(to) shake	shook	shaken	schütteln
(to) sing	sang	sung	singen
(to) sit	sat	sat	sitzen; sich setzen
(to) sleep	slept	slept	schlafen
(to) speak [iː]	spoke	spoken	sprechen
(to) stand	stood	stood	setzen; sich (hin)stellen
(to) stick	stuck	stuck	stechen, stecken
(to) swim	swam	swum	schwimmen
(to) take	took	taken	nehmen, mitnehmen; (weg-, hin)bringen; dauern, *(Zeit)* brauchen
(to) tell	told	told	erzählen, berichten
(to) think	thought	thought	denken, glauben
(to) throw	threw	thrown	werfen
(to) understand	understood	understood	verstehen
(to) wake up	woke up	woken up	aufwachen; (auf)wecken
(to) wear [eə]	wore [ɔː]	worn [ɔː]	tragen *(Kleidung)*
(to) win	won [ʌ]	won [ʌ]	gewinnen
(to) write	wrote	written	schreiben

Grammatische Begriffe
(Grammatical terms)

adjective ['ædʒɪktɪv]	Adjektiv, Eigenschaftswort	*good, big, red, expensive, …*
adverb ['ædvɜːb]	Adverb, Umstandswort	
adverb of frequency ['friːkwənsi]	Adverb der Häufigkeit, Häufigkeitsadverb	*always, often, never, …*
adverb of indefinite time [ɪn'defɪnət]	Adverb der unbestimmten Zeit	*already, ever, just, never, …*
adverb of manner ['mænə]	Adverb der Art und Weise	*badly, happily, well, …*
adverbial of place	Umstandsbestimmung des Ortes, Ortsangabe	*Sam lives **in Plymouth**.*
adverbial of time	Umstandsbestimmung der Zeit, Zeitangabe	*I get up **at 8 o'clock**.*
article ['ɑːtɪkl]	Artikel, Geschlechtswort	
auxiliary (verb) [ɔːg'zɪliəri]	Hilfsverb	***has** put; **don't** see; **can** sing*
clause element ['klɔːz ˌelɪmənt]	Satzglied	▶ subject, verb, object, adverbial
comparison [kəm'pærɪsn]	Steigerung; Vergleich	*old – older – oldest; as old as … / older than …*
complement ['kɒmplɪmənt]	prädikative Ergänzung (zum Subjekt)	*Reading is **fun**.*
complex sentence ['kɒmpleks]	Satzgefüge (Verbindung aus Haupt- und Nebensatz)	*I can't come because I'm ill.*
conditional sentence [kən'dɪʃənl]	Bedingungssatz	*If I see Justin, I'll tell him.*
conjunction [kən'dʒʌŋkʃn]	Konjunktion, Bindewort	*and, or, …; because, if, …*
contact clause ['kɒntækt klɔːz]	Relativsatz ohne Relativpronomen	*You're the boy **I love**.*
coordinating conjunction [kəʊˌɔːdɪneɪtɪŋ kən'dʒʌŋkʃn]	nebenordnende Konjunktion, koordinierende Konjunktion	*and, or, but, …*
countable noun ['kaʊntəbl]	zählbares Nomen	*tree(s), idea(s), child(ren), …*
definite article [ˌdefɪnət_'ɑːtɪkl]	bestimmter Artikel	***the*** [ðə] *bag;* ***the*** [ðɪ] *apple*
demonstrative determiner [dɪˌmɒnstrətɪv dɪ'tɜːmɪnə]	Demonstrativbegleiter, hinweisender Begleiter	*this, that, these, those*
demonstrative pronoun [dɪˌmɒnstrətɪv 'prəʊnaʊn]	Demonstrativpronomen, hinweisendes Fürwort	*this, that, these, those*
determiner [dɪ'tɜːmɪnə]	Begleiter	
exclamation [ˌekskla'meɪʃn]	Ausruf, Ausrufesatz	*What a nice cat! / Oh no!*
full verb	Vollverb *(Wortart)*	*go, dance, see, work, …*
***going to*-future**	Futur mit *going to*	*We**'re going to play** cards.*
***if*-clause**	Nebensatz mit *if*, *if*-Satz	***If I see Justin**, I'll tell him.*
imperative [ɪm'perətɪv]	Imperativ (Befehlsform); Aufforderungssatz	*Listen. Be quiet. Don't talk.*
indefinite article [ɪnˌdefɪnət_'ɑːtɪkl]	unbestimmter Artikel	***a** bag;* ***an** apple*
infinitive [ɪn'fɪnətɪv]	Infinitiv (Grundform des Verbs)	*(to) close, (to) see, (to) sit, …*
irregular verb [ɪˌreɡjələ 'vɜːb]	unregelmäßiges Verb	*(to) go – went – gone*
main clause [meɪn]	Hauptsatz	*If I see Justin, **I'll tell him**.*
main verb	Hauptverb, Vollverb *(Teil des Prädikats)*	*I can **sing**. / We didn't **play**.*
modal (auxiliary) [ˌməʊdl_ɔːg'zɪliəri]	modales Hilfsverb, Modalverb	*can, could, must, …*
negative statement [ˌneɡətɪv 'steɪtmənt]	verneinter Aussagesatz	*I don't like bananas.*
noun [naʊn]	Nomen, Substantiv	*Maya, boy, sister, time, …*
object ['ɒbdʒɪkt]	Objekt	*Abby is writing **a letter**.*
object form	Objektform (der Personalpronomen)	*me, you, him, her, it, us, them*
object question	Objektfrage, Frage nach dem Objekt	*Who did you talk to?*
***of*-phrase** ['ɒv freɪz]	*of*-Fügung	*the name **of the street***
part of speech [ˌpɑːt_əv 'spiːtʃ] (= word class)	Wortart	▶ noun, verb, adverb, preposition, …

past participle [ˌpɑːst ˈpɑːtɪsɪpl]	Partizip Perfekt (3. Form des Verbs)	*cleaned, seen, done, …*
past progressive [ˌpɑːst prəˈgresɪv]	Verlaufsform der Vergangenheit	*At 7.30 we **were having** dinner.*
personal pronoun [ˌpɜːsənl ˈprəʊnaʊn]	Personalpronomen (persönliches Fürwort)	*I, you, he, she, it, we, …; me, you, him, her, it, us, …*
plural [ˈplʊərəl]	Plural, Mehrzahl	
positive statement [ˌpɒzətɪv ˈsteɪtmənt]	bejahter Aussagesatz	*I like oranges.*
possessive determiner [pəˌzesɪv dɪˈtɜːmɪnə]	Possessivbegleiter (besitzanzeigender Begleiter)	*my, your, his, her, its, our, your, their*
possessive form [pəˌzesɪv ˈfɔːm]	s-Genitiv	*Sam's sister; my friend's car*
possessive pronoun [pəˌzesɪv ˈprəʊnaʊn]	Possessivpronomen (besitzanzeigendes Pronomen)	*mine, yours, his, hers, ours, yours, theirs*
preposition [ˌprepəˈzɪʃn]	Präposition	*after, at, in, next to, over, …*
present perfect [ˌpreznt ˈpɜːfɪkt]	*present perfect*	*I**'ve made** a cake for you.*
present progressive [ˌpreznt prəˈgresɪv]	Verlaufsform der Gegenwart	*Lucy **is having** lunch.*
pronoun [ˈprəʊnaʊn]	Pronomen, Fürwort	
quantifier [ˈkwɒntɪfaɪə]	Mengenangabe	*much/many, some/any, …*
question [ˈkwestʃən]	Frage(satz)	
question tag [ˈkwestʃən tæg]	Frageanhängsel	*The song is great, **isn't it?***
question word	Fragewort	*who, what, why, how, …*
regular verb [ˌregjələ ˈvɜːb]	regelmäßiges Verb	*(to) help – helped – helped*
relative clause [ˌrelətɪv ˈklɔːz]	Relativsatz	*The boy **who lives here** …*
relative pronoun [ˌrelətɪv ˈprəʊnaʊn]	Relativpronomen	*who, which, that*
sentence type [ˈsentəns taɪp]	Satzart	▶ positive/negative statement, question, imperative, exclamation
simple past [ˌsɪmpl ˈpɑːst]	einfache Form der Vergangenheit	*Yesterday Sam **helped** Lucy.*
simple present [ˌsɪmpl ˈpreznt]	einfache Form der Gegenwart	*I often **go** to school by bus.*
singular [ˈsɪŋgjələ]	Singular, Einzahl	
statement [ˈsteɪtmənt]	Aussage(satz)	*I like pop. / I don't like jazz.*
subject [ˈsʌbdʒɪkt]	Subjekt	***Abby** is writing a letter.*
subject form	Subjektform (der Personalpronomen)	*I, you, he, she, it, we, they*
subject question	Subjektfrage, Frage nach dem Subjekt	*Who likes bananas?*
subordinate clause [səˌbɔːdɪnət ˈklɔːz]	Nebensatz	***If I see Justin,** I'll tell him.*
subordinating conjunction [səˌbɔːdɪneɪtɪŋ kənˈdʒʌŋkʃn]	unterordnende Konjunktion, subordinierende Konjunktion	*after, because, if, that, till, when, …*
uncountable noun [ʌnˈkaʊntəbl]	nicht zählbares Nomen	*bread, tea, money, time, …*
verb [vɜːb]	Verb	▶ full verb, main verb
verb [vɜːb] (= verb phrase)	Prädikat	*Reading **can be** fun.*
***will*-future** [ˈwɪl fjuːtʃə]	Futur mit *will*	*My sister **will be** 16 soon.*
word class [ˈwɜːd klɑːs] (= part of speech)	Wortart	▶ noun, verb, adverb, preposition, …
word order [ˈwɜːd ˌɔːdə]	Wortstellung	
yes/no question	Entscheidungsfrage	*Are you 13? Do you like judo?*

Der Satz / Wortstellung

1 Satzarten / Haupt- und Nebensätze / Satzglieder ➜ *S. 16–17, Abschnitt 1–3*

---

1 There's lots to see and do at *Becky Falls Woodland Park*. **2** Meet lots of strange insects in our 'Ugly Bug'[1] show. **A** Some of them look really scary! But don't worry, **3** they aren't dangerous.
We have great river walks, but you need good shoes for them. **B** Don't wear flip-flops! We're sorry: **C** our woodland walks aren't wheelchair[2]-friendly.
In warm weather, swimming in the river is a great idea. **4** Are you an indoor person? If you prefer[3] to stay indoors[4], the theatre is the right place for you. Fun and creative activities start here!

Becky Falls has a fantastic café, with hot meals[5], snacks and ice creams. You can also bring a picnic. We have picnic areas, or you can choose a place on our walks, right at the waterfall for example!
Becky Falls is about 25 minutes by car from Exeter and about 40 minutes from Torbay or Plymouth.
D Would you like to tell us about your visit? Did you like your family day out at Becky Falls Woodland Park?
5 What did you like best?
E Why don't you go to our website and write about your day at Becky Falls?

---

a) Fülle die Tabelle rechts aus:
 – Ordne zuerst die Sätze **1** bis **5** aus dem Text oben den Satzarten **a–e** zu. Welcher Satz ist welche Satzart?
 – Dann ordne die Sätze **A** bis **E** aus dem Text oben den Satzarten **a–e** zu. Welcher Satz ist welche Satzart?

b) Finde je ein Beispiel für Sätze mit diesen Satzgliedern *(clause elements)*:
 – *subject – verb – object*
 – *subject – verb – adverbial*
 – *subject – verb – object – adverbial*

c) Finde einen Satz, der aus Nebensatz plus Hauptsatz besteht.

Satzarten (Sentence types)	Sätze 1–5	Sätze A–E
a bejahter Aussagesatz (positive statement)		
b verneinter Aussagesatz (negative statement)		
c Entscheidungsfrage (yes/no question)		
d Frage mit Fragewort (question with question word)		
e Aufforderungssatz (imperative)		

2 Bejahte Aussagesätze ➜ *S. 18, Abschnitt 4*

Bring die Wörter in die richtige Reihenfolge und bilde korrekte Sätze.

1 We/play/at the weekends/often/football.

 1 We often _____

2 We/meet/in the park at 3 o'clock/always.

 _____

3 Dad/has/me/bought/a new pair of football boots.

 _____

4 And I/will/for Christmas[6]/a new football/get.

 _____

5 After the match/have/we/a pizza/at Pete's Pizza Place/sometimes.

 _____

6 When/I/home/come/very tired/usually/I'm.

 _____

7 Maybe/can/you/us/next week/join.

 _____

8 We're/going to/against our parents/play!

 _____

---

[1] **ugly bug** [ˌʌglɪ ˈbʌg] häßlicher Käfer · [2] **wheelchair** Rollstuhl · [3] (to) **prefer** [prɪˈfɜː] vorziehen ·
[4] **indoors** [ˌɪnˈdɔːz] drinnen · [5] **meal** [miːl] Mahlzeit · [6] **Christmas** [ˈkrɪsməs] Weihnachten

3 Verneinte Aussagesätze

➡ S. 18, Abschnitt 5

Korrigiere diese falschen Aussagen.

1 Sheep[1] eat meat. – That's wrong. Sheep _____ meat. They eat grass.

2 London is in Scotland. – London _____ in Scotland. London is in _____.

3 The Queen lives in Plymouth. – She _____ in Plymouth. She lives in _____.

4 Giraffes can play basketball. – That's wrong. They _____ basketball.

5 Germany won the football world cup in 2010. – Germany _____ the world cup in 2010.

4 Fragesätze

➡ S. 19–20, Abschnitt 6

Vervollständige das Telefongespräch.

Eve: Hello.

Tim: Hello. _____'s that? ___ that you, Eve?

Eve: Yes, it is. But _____'s that, please?

Tim: It's me, Tim. Hi, Eve. _____ are you?

Eve: I'm fine. Listen, Tim, ____ you know what time it is? _____ are you calling so late?

Tim: Oh, I'm sorry. _____ time is it?

Eve: 10.30.

Tim: Oh come on. _____'s the problem? That's not late!

Eve: No? Well, _____ do you want?

Tim: I'd like to invite[2] you to a party.

Eve: A party? And _____ is this party?

Tim: It's on the 18th.

Eve: _____'s the date today?

Tim: The 17th.

Eve: So it's tomorrow. And _____ is it?

Tim: At the youth club[3].

Eve: I see. And _____ is coming? _____ I know anybody?

Tim: Oh yes, you know Ava and Olivia and Henry … and me, of course.

Eve: And _____ will we get there?

Tim: I thought we could take your car …

Eve: Oh, I see.

5 Fragesätze

➡ S. 19–20, Abschnitt 6

Emma ist gerade von einem Vorstellungsgespräch in einem Sportgeschäft zurückgekehrt.
Lies Emmas Antworten. Was waren die Fragen?

1 I'm 18.   1 How _____ ?

2 My birthday is on 20th July.   2 When _____

3 I left school last July.   3 When _____

4 I went to Backwell School.   4 Which school _____

5 My best subject was maths.   5 What _____

6 I'm working at a fast food place.   6 Where _____

7 Because it's boring.   7 Why _____

8 Because I'm interested in sport.   8 _____

9 I could start next week.   9 _____

[1] **sheep,** *pl* **sheep** [ʃiːp] Schaf · [2] **(to) invite** [ɪnˈvaɪt] einladen · [3] **youth club** [ˈjuːθ klʌb] Jugendklub

6 Fragesätze ➡ *S. 19–20, Abschnitt 6*

Stell dir vor, du hast die unterstrichenen Teile der Sätze nicht verstanden.
Verwende *who* und *what* und stelle Fragen im *simple present* oder *simple past*.
Vorsicht! Brauchst du *do/does/did* oder nicht?

1   Everyone likes <u>nice clothes</u>.   What _____ ?

2   <u>Ella's ski jacket</u> cost[1] a lot.   _____

3   <u>Sue</u> bought a sweatshirt yesterday.   _____

4   Gavin likes <u>Ella's ski jacket</u>.   _____

5   Ella likes <u>Gavin</u>.   _____

6   Jake got <u>a new pair of running shoes</u>.   _____

7   We need <u>new school uniforms</u>.   _____

8   <u>My brother</u> hates school uniforms.   _____

9   <u>Amelia</u> needs some new T-shirts.   _____

10 I took <u>an umbrella</u>.   _____

7 Nebensätze ➡ *S. 20, Abschnitt 7*

a) Bring die Wörter in Klammern in die richtige Reihenfolge.

1   I like surfing (when/it/really windy/is).

    I like surfing when it _____

2   I like most water sports (because/fun/they/are).

    _____

3   (When/my parents and I/on holiday/go), we usually go to the seaside[2].

    _____

4   I like places (the waves[3]/where/exciting/are).

    _____

5   (If the wind/really strong[4]/is), surfing is great.

    _____

6   My friend Henry thinks (that/better/a holiday in the mountains/is).

    _____

7   I would like to know (why/that/thinks/he).

    _____

b) Übersetze die Sätze aus a) ins Deutsche.

c) Vervollständige die Regel für die Wortstellung im Englischen.
   Dann kreuze das richtige Kästchen für die deutsche Wortstellung an.

Im Englischen ist die Wortstellung in Hauptsätzen und in Nebensätzen gleich, nämlich S - _____ .
Im Deutschen ist die Wortstellung in Hauptsätzen und Nebensätzen ☐ verschieden ☐ gleich.

---

[1] (to) **cost**, *simple past:* **cost** [kɒst] kosten · [2] **to the seaside** ans Meer · [3] **wave** [weɪv] Welle ·
[4] **strong** [strɒŋ] stark, kräftig

8 Adverbien und Umstandsbestimmungen

➜ S. 21–22, Abschnitt 8

Die folgende Geschichte ist noch nicht fertig – wie du siehst, hat die Autorin einiges notiert, was sie ergänzen möchte. Schreib den Text ab und füge dabei die blauen Wörter an den richtigen Stellen ein. (Manchmal gibt es mehr als eine mögliche Stelle.)

quietly ⟶	People were talking to their neighbours and kids were laughing.	⟵ excitedly
at last ⟶	Barney the clown appeared[1]. He was the star of the circus show.	⟵ every evening
really ⟶	Everybody liked him.	
usually / at the same time ⟶	Barney played three different instruments. And he slipped[2] on banana skins[3] and fell.	⟵ always ⟵ to the floor
today ⟶	Barney didn't look happy. He moved as if[4] he was tired.	⟵ slowly
wildly ⟶	Everybody cheered. Barney smiled and said something, but nobody could hear him.	⟵ sadly
suddenly ⟶	He fell. Everyone thought that he had slipped on a banana skin,	⟵ at first
loudly ⟶	and they all laughed. But then they saw the knife.	⟵ in his back
	Everyone stopped laughing, and some children began to cry[5].	
in the circus ring ⟶	The director appeared. "Is there a doctor?" he asked.	⟵ nervously
	A doctor got up and went over to Barney. Was he dead?	
	Or was it all part of the show?	

Das Verb

9 Verbarten

➜ S. 24, Abschnitt 10

a) Welches der markierten Verben im folgenden Text ist …

   – ein Vollverb im *simple present*? _____

   – ein Vollverb im *simple past*? _____

   – ein modales Hilfsverb, das dem deutschen "können" entspricht? _____

   – ein modales Hilfsverb, mit dem man einen Rat ausspricht? _____

Come to *Chocolate World* and try some of our products. Find out where chocolate **came** from, how it came to Europe and how we **make** our products today.

Have dinner in our excellent restaurant after the tour, and see how we make the adverts[6] that you know from TV. And you **shouldn't** miss our special offers[7]! You **can** find them in our shop, "The Chocolate Box".

b) Welches der markierten Verben im folgenden Text ist …

   – ein Vollverb im Infinitiv? _____

   – ein Hilfsverb zur Bildung des *present progressive*? _____

   – ein modales Hilfsverb, mit dem man sagt, dass etwas notwendig ist? _____

   – ein modales Hilfsverb, mit dem man sagt, dass etwas nicht notwendig ist? _____

Many animals are in danger. Did you know that the world **is** losing one animal species[8] every day? With every visit to our wildlife station, you are helping us to save animals. You can **learn** a lot here if you want to, but visits should also be fun. You **needn't** read every information board

about every animal in our park. You are welcome to join our special activities. But if you want to, you can walk around freely or just sit and look. We also offer special tours, but you **must** arrange them before you visit us.

---

[1] (to) **appear** [əˈpɪə] erscheinen · [2] (to) **slip** ausrutschen · [3] **banana skin** [bəˌnɑːnə ˈskɪn] Bananenschale · [4] **as if** als ob · [5] (to) **cry** weinen · [6] **advert** [ˈædvɜːt] Werbespot · [7] **special offer** Sonderangebot · [8] **species**, *pl* **species** [ˈspiːʃiːz] Art

10 Die modalen Hilfsverben: „können" ➡ *S. 25–27, Abschnitt 11–12*

Vervollständige den Text mit *can/can't, could/couldn't* oder einer Form von *be (not) able to*.
(Es gibt mehr als eine richtige Lösung.)

In the summer, there is a fantastic view from the top of
the Empire State Building, and you _____
_____ see a long way. But when Amy and Lisa were
there last January, it was snowing heavily.
Normally, when you are up there and you look north[1],
you _____ miss Central Park – but that day the
girls _____ see it at all.
All that they _____ see was snow.

If the girls go back on a sunny day next summer and look
south[2], they _____ see the Statue of
Liberty. Sadly, they _____
_____ see it last winter. But Amy _____
_____ take a photo of Lisa in her new coat[3]!

 11 Die modalen Hilfsverben: „dürfen" ➡ *S. 25–27, Abschnitt 11–12*

Stelle Fragen mit *can, could, may* oder einer Form von *be allowed to*. (Es gibt nicht nur eine richtige Lösung.
Versuche, alle angegebenen Wörter mindestens einmal zu verwenden.)

1 You want to buy a ticket for a bus tour. Is it true that
people get on and off these tour buses all day with the
same ticket?

<u>Can I use _____</u>?

2 Somebody on the bus has a map, and you would like
to check where you are.

_____

3 Now you are in a museum with your friend. You see
some jewels[4]. You and your friend would like to touch
them.

_____

4 You are at the zoo. It is feeding time for the seals, and
you would like to help – and the keeper[5] looks very
friendly.

_____

5 You want to leave the zoo and come back later in the
day. But you don't want to pay[6] again.

_____

6 You want to write down a phone number, but you
don't have a pen. The man standing next to you has a
pen in his shirt pocket.

_____

 12 Die modalen Hilfsverben: „nicht dürfen" ➡ *S. 25–27, Abschnitt 11–12*

Was bedeuten diese Schilder? Erkläre sie einem Besucher aus England. Verwende *can't, mustn't* oder eine Form von
be not allowed to. (Es gibt nicht nur eine richtige Lösung. Versuche, alle angegebenen Wörter zu verwenden.)

1 (camp) <u>You're not allowed to camp here.</u>

2 (have) <u>You mustn't have _____</u>

3 (park) <u>You can't _____</u>

4 (have) _____

5 (use) _____

6 _____

7 _____

8 _____

---

[1] **north** [nɔːθ] (nach) Norden · [2] **south** [saʊθ] (nach) Süden · [3] **coat** [kəʊt] Mantel · [4] **jewels** *(pl)* [ˈdʒuːəlz] Juwelen ·
[5] **keeper** Wärter/in · [6] (to) **pay** bezahlen

13 Die modalen Hilfverben: *must / mustn't / needn't*

→ S. 25–27, Abschnitt 11–12

a) Vervollständige die Sätze mit *must* (2x), *mustn't* (2x) oder *needn't* (2x) und einem der Verben aus dem Kasten.

1 Is this CD for Pat? – No, no! You _____

_____ it to Pat! It's his birthday present.

2 You _____ any money on the

school trip. Everything is free.

3 It's an important match tomorrow.

– Yes, we _____ it.

4 I have some really bad news for you.

– You _____ me. I already know.

> arrive · be · show · take · tell · win

5 When's the last bus? – At 10. And you _____

_____ late or you will miss it.

6 What time does the party start? – At about 7. And you

_____ before 8 or you'll miss a funny

party game.

b) Ordne die Sätze 1–6 den Sätzen a–f zu. Setze *must, mustn't* oder *needn't* ein.

1 "Can't you see the sign?

2 There's no school tomorrow.

3 "You _____ help me, thanks.

4 "That _____ be Dad's car.

5 "You _____ go to the post office.

6 Mr Cook's heart[1] isn't strong[2].

a) My bags aren't very heavy[3]."

b) He's always home by ten."

c) I went there this morning."

d) He _____ get too excited.

e) You _____ play here."

f) The students _____ get up early.

> **NO GAMES**
> **HERE**

14 Die modalen Hilfverben: *(not) have to*

→ S. 27, Abschnitt 12.3

a) Vervollständige Megans Sätze mit einer Form von *(not) have to* + *get up*. Vorsicht mit den Zeiten: Einmal brauchst du das *simple past*.

"Hi! My name is Megan, I'm 15, and I live on a farm.

I _____ at six o'clock every

day. Only on Sundays I _____

____ till nine. When I was young, I _____

_____ so early.

When do you _____ every

day? And at the weekend?"

b) Verwende eine Form von *have to* für die Stellen in Klammern. Du brauchst das *simple present* (3x) und das *simple past* (2x).

1 "(My parents/work) twelve hours every day, and (we/help) them."

<u>My parents have to work</u>

_____

2 "Yesterday (my brother/feed) all the animals."

_____

3 "On small farms, (everybody/work) hard."

_____

4 "You don't make much money with farm work. Last summer, (I/get) a job at the café in the village."

<u>Last summer,</u> _____

[1] **heart** [hɑːt] Herz · [2] **strong** [strɒŋ] stark, kräftig · [3] **heavy** ['hevi] schwer

15 Die einfache Form der Gegenwart
➜ S. 28–30, Abschnitt 14

Vervollständige die Sätze mit den passenden Verben aus dem Kasten. Verwende das *simple present*.

> come · go (2x) · have · listen · live · love ·
> meet · play · ride · work · write

He, she, it –
ein **s** muss mit!

"Hi! My name is Jessica Sharp. We _____ in Sheffield in the north¹ of England. My parents _____ from Wales.

Mum _____ in a garden centre and Dad is a police officer.

At the weekends, I usually _____ my bike in the park or _____ skateboarding. My brother Jake often _____ tennis. And he _____ swimming a lot.

My best friend Jamie _____ pop music. We often _____ at her place, and then we _____ to CDs together.

I _____ an e-friend in Hamburg. Her name is Jana. She _____ to me every month."

16 Die einfache Form der Gegenwart: die 3. Person Singular
➜ S. 30, Abschnitt 14.3

a) Hier sind 12 Verben. Schreib die 3. Person Singular dazu.

1	(to) arrange	arranges	5	(to) go	_____	9	(to) miss	_____

1 (to) arrange   arranges   5 (to) go _____   9 (to) miss _____

2 (to) catch _____   6 (to) guess _____   10 (to) push _____

3 (to) dance _____   7 (to) have _____   11 (to) stay _____

4 (to) do _____   8 (to) hurry _____   12 (to) use _____

b) Sieh dir die 15 Verben im Kasten an. Wie spricht man ihre 3. Person Singular aus? Schreib die 3. Person Singular in die richtige Spalte der Tabelle rechts.

> agree · answer · bite · break · call ·
> catch · choose · finish · laugh · practice ·
> read · shout · sing · taste · touch

[s]	[z]	[ɪz]
bites	agrees	catches

17 Die einfache Form der Gegenwart
➜ S. 28–30, Abschnitt 14

Schreib auf, was Sue und Dan manchmal (✓), oft (✓✓) oder nie (✗) tun.

	Sue	Dan
play tennis	✓✓	✗
make dinner	✓	✓
go skating	✗	✓✓
eat chips	✓	✓
do yoga	✗	✗

1 Sue often _____, but Dan _____.

2 Sue and Dan _____.

3 Sue _____, but Dan _____.

4 Sue and Dan _____.

5 Sue and Dan _____.

¹ **in the north** [nɔːθ] im Norden

18 Die einfache Form der Gegenwart
➡ S. 28–30, Abschnitt 14

Sieh dir die Sätze an und überlege, welche Verben aus dem Kasten in welche Lücken passen.
Manchmal brauchst du die verneinte Form! Und gib acht bei der 3. Person Singular.

> bark · drink · eat · feed · go · have · jump · like (2x) · love · play · use

1 Old Mrs Morris _____ a car, but she _____ it.

   She always _____ by bus.

2 The Parkers _____ meat. They're vegetarians[1]. But they _____ their cats with meat.

3 The boys in our street never _____ with us. I think they _____ us.

4 Mum _____ English tea. She _____ four cups for breakfast. But she _____ coffee[2].

5 Our dog _____, but he often _____ at people.

19 Die einfache Form der Gegenwart
➡ S. 28–30, Abschnitt 14

Oliver hat in der Disko gerade Grace kennengelernt und möchte mehr über sie erfahren.
Vervollständige die Fragen und Kurzantworten.

1 Oliver: _____ you come here often? – Grace: Yes, _____.

2 Oliver: _____ you have any brothers or sisters? – Grace: _____. I have a brother.

3 Oliver: _____ I know your brother? – Grace: _____. You know him from school.

4 Oliver: _____ your brother ever come here? – Grace: Yes, he _____. He's here this evening.

5 Oliver: _____ you usually stay until they close[3]? – Grace: No, _____. I have to be home by 11.

6 Oliver: _____ you take a taxi to get home? – Grace: _____. My dad comes and gets me.

7 Oliver: _____ this DJ never play a slow song? – Grace: No, _____.

8 Oliver: _____ you want another cola? – Grace: No, _____, thank you. I have to go now.

20 Die einfache Form der Gegenwart
➡ S. 28–30, Abschnitt 14

Frau Green ist eine neue Angestellte in Frau Whites Bekleidungsgeschäft.
Sieh dir Frau Whites Antworten an. Was waren Frau Greens Fragen?

1 Mrs Green: (open – shop?) · 1 When do you _____ ?

   Mrs White: · At 9 o'clock.

2 Mrs Green: (put – jeans?) · 2 _____ ?

   Mrs White: · We always put them on the shelves.

3 Mrs Green: (dresses – sell?) · 3 How many _____ ?

   Mrs White: · One or two every day.

4 Mrs Green: (clean – shop?) · 4 How often _____ ?

   Mrs White: · Every morning, before we open the shop.

5 Mrs Green: (do – in your lunch break?) · 5 _____ ?

   Mrs White: · I usually have a sandwich at Super Sandwiches.

[1] **vegetarian** [ˌvedʒəˈteəriən] Vegetarier/in · [2] **coffee** [ˈkɒfi] Kaffee · [3] **(to) close** [kləʊz] schließen

21 Die Verlaufsform der Gegenwart

→ S. 31–33, Abschnitt 15

Sieh dir die Bilder an und beschreibe, was die Leute tun.
Wähle die richtigen Verben aus dem Kasten.

> draw · look · play · point ·
> smell · stand · take · wait

1 He's waiting for Mr Brown.

2 She_____ the guitar.

3 He_____ a picture of his mum.

4 The boy _____ at the clock.

5 She_____ a photo.

6 He_____ on a chair.

7 The little boy _____ at the bike.

8 The dog _____ the school bag.

22 Die Verlaufsform der Gegenwart

→ S. 31–33, Abschnitt 15

Vergleiche die Bilder A und B. Finde und beschreibe die Unterschiede.

1 In picture A, a dog is running after a cat. In picture B, a cat is _____ after a dog.

2 In picture B, a woman _____ a phone call, not a man.

3 In picture B, the woman ___n't_____. She'_____ chains.

4 In picture B, the girl _____. She' looking at _____.

5 A young man _____ the guitar in picture A. In picture B he'_____ on the floor

   and _____ a hamburger.

6 In picture B, the woman _____ kiss _____ the man. She'_____ to him.

23 Die Verlaufsform der Gegenwart

➡ *S. 31–32, Abschnitt 15.2*

Hier sind 18 Verben. Schreib die *-ing*-Form dazu.

1 (to) call	calling	7 (to) have	_____	13 (to) sit	_____
2 (to) catch	_____	8 (to) hit	_____	14 (to) stay	_____
3 (to) dance	_____	9 (to) laugh	_____	15 (to) stop	_____
4 (to) get	_____	10 (to) make	_____	16 (to) take	_____
5 (to) give	_____	11 (to) put	_____	17 (to) use	_____
6 (to) go	_____	12 (to) run	_____	18 (to) work	_____

24 Die Verlaufsform der Gegenwart

➡ *S. 31–33, Abschnitt 15*

Stell dir vor, du erhältst einen Anruf aus England, aber die Verbindung ist schlecht. Du verstehst die unterstrichenen Teile der Sätze nicht und musst Rückfragen stellen. Du brauchst *who* (2x), *what* (3x) und *where* (1x).

"Hi! It's Julie here. How are you? I'm feeling a bit lonely today. (1) Dad is working, and (2) Mum is meeting some friends at her chess club.
(3) Sophie and Amelia are giving a concert with their school band. (4) They're playing at the town hall[1]. (5) Lucas is having dinner with his boss, and (6) Grandma is visiting my aunt in Cornwall. I'm all alone[2]. It's so good to hear your voice!"

1 Sorry, what's _____ doing?

2 Sorry, _____ ?

3 Sorry, _____ ?

4 Sorry, _____ ?

5 Sorry, _____ ?

6 Sorry, _____ ?

25 Die Verlaufsform der Gegenwart: feste Verabredungen

➡ *S. 31–33, Abschnitt 15*

Andrew möchte am Freitagnachmittag ein Picknick veranstalten. Er ruft Freunde und Freundinnen an, aber alle haben schon feste Verabredungen für Freitag getroffen. Vervollständige die Antworten.

Andrew: Hi, it's Andrew. Would you like to come to a picnic in our garden on Friday afternoon?

1 Oliver: (visit/grandparents) Sorry, but I'_____ my grandparents on Friday.

2 Ava + Sue: (go/Dartmoor/with Dad) Sorry, but we'_____ to Dartmoor with Dad on Friday.

3 Benjamin: (play/basketball) Sorry, but _____ on Friday.

4 Emma: (have/piano lessons) Sorry, but _____ on Friday.

5 Nora: (look after[3]/little brother) Sorry, but _____ my little brother on Friday.

6 Sophie + Amelia: (give/concert) Sorry, but _____ on Friday.

I'm meeting the school cat on Wednesday.

---

[1] **town hall** [taʊn ˈhɔːl] Rathaus · [2] **all alone** ganz allein · [3] (to) **look after sb.** auf jn. aufpassen

26 Verlaufsform oder einfache Form der Gegenwart? → *S. 32–33, Abschnitt 15.3*

Was passiert normalerweise? Und was geschieht heute?
Lies den Text und kreise die richtige Verbform ein. Streiche die falsche Verbform durch.

On Fridays at 9:00, class 7EB usually ~~is having~~ /(has) – they **are talking / talk** and **laughing / laugh**. Some
Maths, but today the students (are playing) / ~~play~~ a students **are eating / eat** sandwiches. Usually they
game. And class 7BW usually **is doing / does** exercises, **aren't eating / don't eat** in class.
but today the students **are singing / sing** songs. Everybody **is having / has** fun today. And all the
Usually the students **are listening / listen** to their teachers **are smiling / smile**, too. But why? Well, it's the
teachers, but now they **aren't listening / don't listen** last day of school before the holidays!

27 Verlaufsform oder einfache Form der Gegenwart? → *S. 32–33, Abschnitt 15.3*

Vervollständige die Sätze mit der richtigen Form des Verbs.

1 It's 7 o'clock on Saturday evening. Karl Winkel _____
  _____ (sit) in his favourite armchair. The TV is on.
  Karl _____ (watch) the Sportschau. He
  always _____ (watch) the Sportschau on
  Saturday evenings. At the moment, Borussia Dortmund
  _____ (play) against Werder Bremen.

2 Jack Whitlam, Karl Winkel's friend from Liverpool, ____
  _____ (stay) with the Winkels over the weekend. Jack is a football fan, but he _____
  _____ (not understand) German.

3 Christine Winkel is not a football fan. She often
  _____ (go) for a walk on Saturday
  evenings. Sometimes she _____ (meet)
  a friend at a café not far from where the Winkels
  _____ (live). Tonight[1], she _____
  _____ (not meet) her friend. She_____
  _____ (sit) at her desk. She_____ (work)
  at her computer.

4 Leo Winkel, the Winkels' son[2], is three years old. He
  usually _____ (go) to bed at 7 o'clock,
  but not today. Today he_____ (play) with
  his toys on the living room floor.

Yes, you're right.
I read a lot. But now
I'm having a break.

---

[1] **tonight** [təˈnaɪt] heute Nacht, heute Abend · [2] **son** [sʌn] Sohn

28 Die einfache Form der Vergangenheit

→ S. 34–35, Abschnitt 16

Vervollständige die Postkarte mit den passenden Verben aus dem Kasten. Verwende das *simple past*.

be · find · get · go · have (2x) · start · take · talk · tell · watch

Hi Jack,

We _____ a great time at the hot air balloon¹ show last Sunday. We _____ there by bike.

We _____ a bit late and _____ to hurry, but we were lucky² – we _____ a great place near the balloons.

We _____ to the owner³ of one of the balloons. He _____ us lots of interesting things about balloons. Then we _____ how he _____ his balloon ready.

We _____ lots of photos when the balloons _____ – I can show them to you when you come and visit us next month.

Love,
Emma

29 Die einfache Form der Vergangenheit: die *simple past*-Form

→ S. 35, Abschnitt 16.3

a) Hier sind 15 Verben. Schreib die *simple past*-Form dazu. Vorsicht – fünf Verben sind unregelmäßig.

→ Unregelmäßige Verben: S. 62–63, Abschnitt 51

1	(to) act	acted	6	(to) go	_____	11	(to) say _____
2	(to) agree	_____	7	(to) have	_____	12	(to) stop _____
3	(to) arrive	_____	8	(to) look	_____	13	(to) take _____
4	(to) ask	_____	9	(to) miss	_____	14	(to) watch _____
5	(to) edit	_____	10	(to) need	_____	15	(to) wear _____

b) Sieh dir die zehn <u>regelmäßigen</u> Verben in 29 a) noch einmal an. Wie spricht man ihre *simple past*-Form aus? Schreib die Formen in die richtige Spalte der Tabelle rechts.

c) Vervollständige jetzt den folgenden Text mit fünf der Verben aus 29 a).
Tipp: Bei allen fünf Verben ist die Aussprache der *simple past*-Form [t].

[d]	[t]	[ɪd]
agreed	asked	acted

When Philip broke his leg, he _____ lots of lessons. He stayed at home and _____ TV or DVDs all day. "What about homework?" his mother _____ him. Philip _____ his DVD player for a moment. He _____ at his mother and said, "I'm ill⁴, Mum. Can't you see?"

¹ **hot air balloon** [ˌhɒt‿ˈeə bəˌluːn] Heißluftballon · ² **(to) be lucky** [ˈlʌki] Glück haben · ³ **owner** [ˈəʊnə] Eigentümer/in · ⁴ **ill** [ɪl] krank

30 Die einfache Form der Vergangenheit
➔ S. 34–35, Abschnitt 16

Sieh dir Emmas „to do"-Liste für die letzte Woche an.
Schreib auf, was sie erledigt hat und was nicht.

1 On Monday, Emma <u>made</u> a birthday calendar[1],

but she <u>didn't go</u> _____ with her mother.

2 On Tuesday, she _____ her father in the garden,

but she _____.

3 On Wednesday, she _____,

but she _____.

4 On Thursday, she _____,

but she _____.

5 On Friday, she _____,

but she _____.

MON	make a birthday calendar	✓
	go shopping with Mum	✗
TUE	help Dad in the garden	✓
	clean my bike	✗
WED	practise the piano	✗
	clean the hamster's cage	✓
THU	call Grandpa	✗
	make dinner	✓
FRI	buy a present for Jack	✓
	write to Jack	✗

31 Die einfache Form der Vergangenheit
➔ S. 34–35, Abschnitt 16

Sue und Dan unterhalten sich über die Heißluftballon-Show vom letzten Sonntag.
Vervollständige ihr Gespräch.

1 Dan: (you/go?)   <u>Did</u> you <u>go</u> to the hot air balloon[2] show last Sunday?

   Sue: (go)   Yes, I did. I _____ there with Emma.

2 Dan: (not see)   I _____ you there.

   Sue: (see)   But we _____ you and your parents.

3 Dan: (you/sit?)   _____ you _____ on the hill?

   Sue: (sit)   No, we didn't. We _____ on a wall[3] near the balloons.

4 Dan: (you/get?)   _____ you _____ any information about the balloons?

   Sue: (speak – tell)   Yes, we did. We _____ to one of the owners[4] of the balloons.

   He _____ us a lot about them.

5 Dan: (you/make?)   _____ you _____ a video when the balloons started?

   Sue: (not make – take)   No, we _____ a video. But we _____ lots of photos.

6 Dan: (what/you/do?)   _____ you _____ after the show?

   Sue: (phone – have)   We _____ Liz and Sophie and _____ a picnic together.

[1] **calendar** [ˈkælɪndə] Kalender · [2] **hot air balloon** [ˌhɒt_ˈeə bəˌluːn] Heißluftballon · [3] **wall** [wɔːl] Mauer ·
[4] **owner** [ˈəʊnə] Eigentümer/in

32 Die einfache Form der Vergangenheit

➜ S. 34–35, Abschnitt 16

Katy erzählt ihrem Sitznachbarn Jake von ihrem letzten Sommerurlaub.
Sie spricht sehr leise, damit die Lehrerin sie nicht hört,
daher versteht Jake nicht alles und muss rückfragen.
Vervollständige das Gespräch. Verwende das *simple past*.

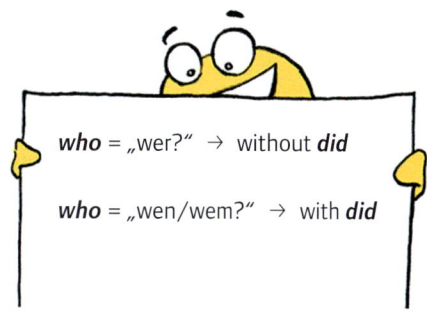

who = „wer?" → without **did**

who = „wen/wem?" → with **did**

1 Katy: I _____ (go) to *shush*.

   Jake: Where _____ you ____?

   Katy: To Liverpool.

2 Katy: My *shush* _____ (go) with me.

   Jake: Who _____ with you?

   Katy: My sister.

3 Katy: We _____ (visit) my *shush*.

   Jake: Who _____ you _____?

   Katy: My aunt.

4 Katy: We _____ (stay) with her for *shush*.

   Jake: How long _____?

   Katy: For ten days.

5 Katy: We _____ (see) *shush* football matches.

   Jake: How many matches _____?

   Katy: Two.

6 Katy: My *shush* _____ (take) us there.

   Jake: Who _____?

   Katy: My aunt.

7 Katy: She also _____ (take) us to a *shush*.

   Jake: Where _____ she _____ you?

   Katy: To a museum.

8 Katy: I _____ (learn) all about *shush*.

   Jake: What _____ you _____ about?

   Katy: The Beatles.

33 Die Verlaufsform der Vergangenheit

➜ S. 36, Abschnitt 17

Dave war letzten Samstag in London. Sieh dir die Bilder und die Verben im Kasten an und vervollständige die Sätze.
Verwende das *past progressive*.

dance · look · play · sit · think

1 At 11 o'clock in the morning Dave was in a clothes shop. He was _____ at a pair of jeans.

2 At 1 o'clock he was in a café. He _____ just _____ down when his mobile rang.

3 At 3 o'clock he was in a computer shop. He _____ computer games.

4 At 8:30 he was at a disco. He _____ with some new friends.

5 At midnight he arrived home. He _____ still _____ about his great day in London.

34 Die Verlaufsform der Vergangenheit

➜ *S. 36, Abschnitt 17*

In einer E-Mail an ihre Freundin beschreibt Olivia, was die anderen Gäste gerade taten, als sie letzte Woche auf Lukes Gartenparty eintraf.
Sieh dir das Bild an und schreib die E-Mail zu Ende.

> | Arial   ▾   11   ▾   F   *K*   U   T   ☰ ☰ ☰ ≣ ≣ ≣ ≣ IA ▾ ◆ ▾ — |
>
> Hi Charlotte,
>
> Luke's party was great. When I arrived, John _____ swimming _____ in the pool. Grace _____ a little cat, and
>
> her dog Bobby _____ to catch a bird. Amy, Becky and Susan _____ at the table.
>
> Amy and Becky _____,
>
> and Susan _____.
>
> Noah _____.
>
> Everybody _____ fun. Well, not everybody. Luke wasn't _____ fun. He _____ under
>
> the table.
>
> Love,
> Olivia

35 Verlaufsform oder einfache Form der Vergangenheit?

➜ *S. 34–36, Abschnitt 16–17*

Vervollständige die Sätze mit der richtigen Form des Verbs.

Last Thursday, Mike _____ (walk) to school when he _____ (meet) his friend Nora, so they _____ (decide) to walk together. When they _____ (cross) Hill Road, a car _____ (come) round the corner. It _____ (go) very fast and _____ (give) them no chance[1] to jump out of the way. They _____ (hear) its brakes[2], then it _____ (hit) them.

When Mike _____ (wake up), he _____ (lie) in bed in hospital. "How's Nora?" he _____ (ask). But everybody was busy, and nobody _____ (listen) to him. So he _____ (take out) his mobile. While he _____ (try) to call Nora's home number, Nora's mother _____ (come in). "Nora is all right", she _____ (say). Mike was so happy that he _____ (begin) to cry.

---

[1] **chance** [tʃɑːns] Chance, Möglichkeit · [2] **brakes** *(pl)* [breɪks] Bremsen

36 Das *present perfect*

→ S. 37–39, Abschnitt 18

Wähle ein passendes Adjektiv aus dem Kasten und vervollständige die Sätze.
Verwende das *present perfect*.

> angry · excited · lonely ·
> nervous · scared · sick ·
> tired · worried

1 Our neighbours _____ (buy) a really big dog. I feel _____.

2 Amelia feels _____ because she _____ (eat) too many biscuits.

3 Gareth is _____. He _____ (clean) the kitchen and the bathroom.

4 Mr Roberts is _____ because some children _____ (break) one of his windows.

5 The Smiths are _____ because they _____ (forget) where they parked their car.

6 Jonathan feels _____ because he _____ (not work) hard

   enough for the test.

7 Lisa and Ray are _____ because they _____ (never be)

   to a live concert before.

8 Little Sally feels _____.

   Her parents _____ (go) shopping and she is all alone[1].

> I'm so sad.
> I've finished almost
> all the books in the
> library.

37 Das *present perfect*

→ S. 37–39, Abschnitt 18

Hier sind 12 Verben mit ihren *simple past*-Formen. Ergänze die 3. Form (das Partizip Perfekt).
Vorsicht – acht Verben sind unregelmäßig. → *Unregelmäßige Verben: S. 62–63, Abschnitt 51*

	infinitive	simple past	past participle		infinitive	simple past	past participle
1	(to) arrive	arrived	arrived	7	(to) have	had	_____
2	(to) be	was/were	been	8	(to) hurry	hurried	_____
3	(to) come	came	_____	9	(to) leave	left	_____
4	(to) do	did	_____	10	(to) need	needed	_____
5	(to) eat	ate	_____	11	(to) see	saw	_____
6	(to) go	went	_____	12	(to) stop	stop	_____

38 Das *present perfect*

→ S. 37–39, Abschnitt 18

Vervollständige die Sätze. Achte darauf, ob du die bejahte oder die verneinte Form brauchst.

1 I'm sorry, but you're too late for the 9:15 to Bristol. The train _____ left (just leave).

2 My bike is so dirty. I _____ (have) time to clean it.

3 Emily can't say anything about the film because she _____ (see) it.

4 George _____ (eat) the cake – you can have it.

5 I _____ (watch) any DVDs this week. I _____ (be) out with Sue every evening.

6 I _____ (do) my homework yet, so I can't meet you in the park.

[1] **all alone** ganz allein

39 Das *present perfect*

➡ S. 37–39, Abschnitt 18

Schüler und Schülerinnen einer englischen Schule unterhalten sich über einen geplanten Schüleraustausch mit einer deutschen Schule. Vervollständige die Fragen und Kurzantworten.

1   your parents – agree to have a visitor from Germany? – (Yes)

Have your parents agreed to have a visitor from Germany?   – Yes, they have.

2   Mr Mills – give you a timetable for the visit yet? – (No)

_____ Mr Mills _____ you a timetable for the visit yet?   – No, _____

3   he – tell you your partner's name yet? – (Yes)

_____   –   _____

4   you – write to your partner yet? – (No)

_____   –   _____

5   you – hear from your partner? – (Yes)

_____   –   _____

6   you – be to Germany before? – (No)

_____   –   _____

7   you – clean your room yet? – (No)

_____   –   _____

8   your parents – start to organize[1] the welcome party yet? – (Yes)

_____   –   _____

40 Das *present perfect*

➡ S. 37, Abschnitt 18.2

Es hat einen Unfall gegeben. Schreib auf, was schon geschehen ist und was noch nicht geschehen ist.
Achte auf die richtige Wortstellung der Wörter *already, just, yet*.

1   (already)   Alan – call – the police   Alan has already _____ .

2   (just)   two police officers – arrive   Two police officers _____ .

3   (already)   the police officers – talk to – the boy and the driver

The police officers _____ .

4   (just)   the paramedics[2] – take the boy – to hospital

The paramedics _____ .

5   (already)   the police officers – phone – the boy's parents

The police officers _____ .

6   (yet)   the police officers – not write – the report[3]

The police officers _____ .

7   (yet)   the driver of the car – not go – home

The driver of the car _____ .

[1] (to) **organize** ['ɔːgənaɪz] organisieren · [2] **paramedic** [ˌpærə'medɪk] Rettungssanitäter/in · [3] **report** [rɪ'pɔːt] Bericht

41 Das *present perfect*

➜ S. 37–39, Abschnitt 18

a) Vervollständige zuerst die Fragen in der linken Hälfte der Tabelle.

		Ryan	Ava
1 (eat crab meat?) Have you ever _____ ?		✓	✓
2 (do yoga?) Have you ever _____ ?		✗	✓✓
3 (make a pizza?) Have you ever _____ ?		✓✓	✗
4 (see a snake?) Have you ever _____ ?		✗	✓
5 (sleep in a tent?) Have you ever _____ ?		✓	✗
6 (win a prize?) Have you ever _____ ?		✗	✗

b) Nun schreib Ryans und Avas Antworten auf. (✗ = *never* / ✓ = *once or twice* / ✓✓ = *often*).

1 Ryan and Ava _____ crab meat once or twice.

2 Ryan _____ never _____ yoga, but Ava _____ often _____ yoga.

3 Ryan _____, but Ava _____.

4 Ava _____, but Ryan _____.

5 Ava _____, but Ryan _____.

6 Ava and Ryan _____.

42 *present perfect* oder *simple past*?

➜ S. 39, Abschnitt 18.4

Bevor Frau Shaw für eine Woche verreiste, gab sie ihrem Sohn Andrew eine Liste mit Arbeitsaufträgen.
Nach ihrer Rückkehr fragte sie Andrew nach den Arbeiten.
Vervollständige die Fragen und Antworten.

1 Andrew, have you _____ the car?

    – Yes, I have. I washed it on Monday.

2 And have _____ ?

    – Yes, I have. I _____ .

3 _____ ?

    – Yes _____ .

4 _____ ?

    – Yes, _____ .

5 _____ ?

    – Yes, _____ .

6 _____ ?

    – Yes, _____ .

wash car	✓	Mon
phone Dr Miller	✓	Wed
clean windows	✓	Tue
take books back to library	✓	Thu
buy flowers for Grandma	✓	Sat
do shopping for weekend	✓	Fri

„fragen, ob (nicht wann)"
→ *present perfect*

„sagen, wann"
→ *simple past*

43 Das Futur mit *going to* → *S. 40, Abschnitt 19*

In diesen kurzen Dialogen geht es um Pläne und Vorhaben – vervollständige sie.

1 Why are you making all those sandwiches? – (Because we / a picnic)

– Because we are going to have_____ .

2 Why is Lily learning German? – (She / her friends in Germany next year)

– She's_____

3 Are you going out tonight[1]? – (No, I / some letters)

– No, I'm_____

4 Does Henry want to come with us? – (No, he / TV)

– No,_____

5 I think you should call Grandma. – (Yes, I know. I / this evening)

– Yes, I know._____

I'm going to read all these books tonight.

44 Das Futur mit *going to* → *S. 40, Abschnitt 19*

Was haben sie vor? Vervollständige die Sätze mit passenden Ideen aus dem Kasten.

1 My parents don't really need a car now, so they're going to_____

_____ .

2 It's my birthday next week, but I'm _____

_____ .

3 We don't have any homework today, so _____

_____ .

> give/to my brother ·
> meet/friends ·
> not have/party ·
> not invite/my friends ·
> sell · watch/DVD

45 Das Futur mit *going to* → *S. 40, Abschnitt 19*

Ella unterhält sich mit ihrer Mutter über ihre Pläne für ein Schulprojekt. Vervollständige ihr Gespräch.

Ella: Mum, we're _____ (do) a project at school – about fashion[2] in the nineties[3].

Sarah, Gavin, Jake and I _____ (do) a fashion show in class.

Mother: That sounds interesting. But Gavin? In a fashion show? What _____ (wear)?

Ella: No, Mum, Gavin _____ (not wear) any clothes from the nineties.

He_____ (present[4]) the show.

Mother: I see. And Sarah and Jake?

Ella: Sarah _____ (find out) about make-up in the nineties.

And Jake _____ (look for) some music for the show.

Mother: What about you? What _____ (do)?

Ella: I_____ (be) the top model!

---

[1] **tonight** [təˈnaɪt] heute Nacht, heute Abend · [2] **fashion** [ˈfæʃn] Mode · [3] **in the nineties** [ˈnaɪntiz] in den Neunzigerjahren ·
[4] (to) **present** [prɪˈzent] präsentieren

46 Das Futur mit *will*

➜ S. 41, Abschnitt 20

Mit diesen Sätzen wirbt ein Gasthof-Manager für friedliche Weihnachtsurlaube ohne die sonst üblichen Weihnachtsbräuche. Vervollständige den Text. Verwende das Future mit *will*.

It <u>will be</u> (be) Christmas[1] soon. Would you like to get away from all the silly things that usually happen at Christmas?

Well, why don't you come to Lynton and spend[2] a few days here at *The Old Inn*? You _____ (love) it. Our restaurant _____ (stay) open an hour longer. That is all. I can promise you that we _____ (not change) anything else. And you _____ ____ (not have to) sing any Christmas songs, and we

_____ (not play) any Christmas games. You _____ (find) our traditional atmosphere as friendly as always. I am sure you _____ (understand) why there _____ (not be) a special Christmas programme.

Phone us now or send an email, and we _____ _____ (make sure) that you _____ (have) a wonderful, quiet Christmas holiday.

47 Das Futur mit *will*

➜ S. 41, Abschnitt 20

Sieh dir die Großbritannienkarte an und vervollständige den Wetterbericht. mit den Ausdrücken aus dem Kasten. Verwende das Future mit *will*.

> be cloudy ·
> be very windy ·
> get a lot of rain ·
> see some sunshine

Tomorrow it _____ across most parts of England.

Only Cornwall and Devon _____ _____.

Wales _____, and it _____in Scotland.

48 Das Futur mit *will*

➜ S. 41, Abschnitt 20

Was sagt Partner B? Sieh dir Dialog 1 an.
Vervollständige dann die Dialoge 2 bis 8. Verwende *I'll* ... oder *I won't* ...

1 **A** I think your sister would like to see these photos. – **B** (show / to her) OK, <u>i'll show them to her.</u>

2 **A** Don't forget to phone me. – **B** (phone at six) Don't worry, i'll_____.

3 **A** Alexander mustn't find out. – **B** (not tell) Don't worry, _____. I promise.

4 **A** That glass was very expensive. – **B** (not drop) Don't worry, _____.

5 **A** There's been an accident[3]! – **B** (call the police) OK, _____.

6 **A** I don't understand this exercise. – **B** (explain / to you) Don't worry, _____.

7 **A** What can I do? I've missed the last train. – **B** (give a lift[4]) Don't worry, _____.

8 **A** Oh dear, there aren't any buses after midnight. – **B** (pick up[5]) Don't worry, I_____.

---

[1] **Christmas** ['krɪsməs] Weihnachten · [2] (to) **spend** [spend] verbringen · [3] **accident** ['æksɪdənt] Unfall ·
[4] (to) **give sb. a lift** [lɪft] jn. mitnehmen/hinbringen · [5] (to) **pick sb. up** [ˌpɪk_'ʌp] jn. abholen

49 *going to*-future oder *will*-future?

➜ *S. 40–41, Abschnitt 19–20*

Wähle ein passendes Verb aus dem Kasten und vervollständige die Sätze.
Brauchst du das *going to-future* oder das *will-future*?

do · forget · have · phone ·
pick up¹ · take · visit · watch

1 "We've missed the bus. What can we do now?"

  – "I'll phone my parents. They_____

  us _____ in the car."

2 Sam and Chris met Pat. "We_____

  _____ a quick coffee and then we_____

  _____ the new film at the Odeon," Sam said.

3 You are in a shoe shop. You like the black boots, but

  they are too expensive. The white trainers look nice,

  and they are cheaper. You say, „I_____

  the white trainers, please."

4 There's a woman outside the hospital who sells

  flowers. People who _____

  someone often stop and buy some from her.

5 When Jack was in hospital, his aunt brought

  him some fruit. "It_____ you

  good," she told him.

6 Emma was sad when her boyfriend² left her. Her

  brother said, "Don't cry, Emma. I'm sure you_____

  _____ him soon."

50 EXTRA Frageanhängsel

➜ *S. 42, Abschnitt 21*

Du bist mit deiner Familie auf einem Campingplatz
in Cornwall und unterhältst dich mit den Nachbarn.
Häng Frageanhängsel an ihre Fragen und
vervollständige deine Antworten.

Aussagesatz bejaht → Anhängsel verneint

Aussagesatz verneint → Anhängsel bejaht

1 You're staying in a caravan, aren't you?

  – No, I'm not. We're in that tent over there.

2 It's not too cold in the tent at night, _____

  – No, it _____. Our sleeping bags³ are very warm.

3 The farmer's dogs didn't wake you up, _____

  – No, _____. I slept very well.

4 You're from Germany, _____

  – Yes, _____. I'm from Oldenburg.

5 You were here last year, _____

  – Yes, _____. We come here every year.

6 The sea is very wild here, _____

  – Yes, _____. I like the waves.

7 You and your sister can swim, _____

  – Yes, _____, don't worry.

8 She doesn't go surfing with you, _____

  – No, _____. She's too young.

¹ (to) **pick sb. up** [ˌpɪk ˈʌp] jn. abholen · ² **boyfriend** (fester) Freund · ³ **sleeping bag** Schlafsack

Das Nomen

51 Der Plural der Nomen

➜ *S. 43, Abschnitt 22*

a) Sieh dir die Nomen im Kasten an. Was sind ihre Pluralformen?
Schreib die Pluralformen in die richtige Spalte der Tabelle.

bag · beach · box · boy ·
bus · child · diary ·
dress · face · ferry · fish ·
half · hobby · life ·
match · monkey · party ·
photo · shelf · story ·
thief · woman

+ s	+ es	-f → -ves	-y → -ies	irregular
bags	beaches	halves	diaries	children
				_____
		_____		_____

b) Hier sind weitere 12 Nomen. Wie spricht man ihre Pluralformen aus? Schreib die Pluralformen in die richtige Spalte der Tabelle rechts.

animal · answer · basket · bike · class · day ·
dog · month · sandwich · shop · watch · wish

[s]	[z]	[ɪz]
baskets	animals	classes

52 Der Plural der Nomen: Besonderheiten

➜ *S. 44, Abschnitt 23*

Lies die Sätze und kreise ein, was ⬭richtig ist. Streiche durch, was ~~falsch~~ ist.
Es gibt immer nur eine richtige Lösung.

1 Your **hair is / hair are / hairs are** very long. I can cut[1] **it / them** for you if you like.

2 Our English **homework was / homeworks were** very hard. I couldn't do **it / them**.

3 The good **news is / news are** that we don't have **much homework / many homeworks**.

4 **Here's an information / Here's some information / Here are some informations** on the

fashion[2] project.

53 Der Plural der Nomen: Besonderheiten

➜ *S. 44, Abschnitt 23*

Lies die Sätze und kreise ein, was ⬭richtig ist. Streiche durch, was ~~falsch~~ ist.
Es gibt immer nur eine richtige Lösung.

Do you like my sunglasses? I think they look great.

1 **This jeans looks / These jeans look** nice. How much **is it / are they**?

2 **My sunglasses are / sunglasses is** a bit small. I don't wear **it / them** very often.

3 The kids love playing on **these stairs / this stairs**. They run up and

down **it / them** all day.

4 The **police is / police are** at the door. Did you call **it / them**?

---

[1] **(to) cut** [kʌt] schneiden · [2] **fashion** [ˈfæʃn] Mode

54 Der *s*-Genitiv

➜ S. 45, Abschnitt 24

Wo fehlt 's? Wo fehlt s'? Vorsicht: An zwei der markierten Stellen musst du gar nichts einsetzen.

The Harpers, Ryan____ and Ava Blake____ grandparents, are at the Blake____ house.

Ryan____ and Ava____ mum Jennifer is the Harper____ daughter[1].

Jennifer____ brother David is Ryan____ favourite uncle.

Ava and Ryan have three cousins too. Ann is Ava____ favourite cousin,

and Mike is Ryan____ favourite cousin.

55 Der *s*-Genitiv

➜ S. 45, Abschnitt 24

Mach aus zwei Sätzen jeweils einen – wie im Beispiel. Brauchst du 's oder s'?

1 My aunt has a new house. It has a big garden.

   My aunt's new house has a big garden.

2 Her new neighbours[2] have a dog. It always runs into her garden.

   _____ *always*

   runs into her garden.

3 And the dog has a "hobby". It likes barking in the middle of the night.

   _____ *is barking*

   in the middle of the night.

4 The neighbours have a son[3] and a daughter[1]. The daughter often shouts at the dog.

   _____

   _____

5 The daughter has a motorbike. It is very noisy[4].

   _____

   _____

6 And the son has a CD player. It is always on.

   _____

   _____

56 Der *s*-Genitiv und die *of*-Fügung

➜ S. 45, Abschnitt 24–25

Vervollständige den Dialog mit dem *s*-Genitiv oder der *of*-Fügung.

Sue: I'm going to the cinema, Mum.

Mother: In the _____ (middle

         – week)? Why?

Sue: Well, it was the _____ (idea

         – teacher). She said we should know the

         _____

         _____ (works – famous[5] British

         film-makers).

Mother: I see. But come home when the film is over. No

         ice cream, no pizza!

Sue: Yes, Mum … Mum, what's the _____

         _____ (name – cinema) at the

_____ (end – Hill

Street)? I can't remember.

Mother: That's the Screen on the Hill.

Sue: Yes, that's right. Listen, I have to go now.

         Oliver and Ella are waiting for me.

Mother: Who are they?

Sue: Oliver is the _____

         _____ (captain –

         school football team), and Ella is _____

         _____ (Oliver – sister).

---

[1] **daughter** [ˈdɔːtə] Tochter · [2] **neighbour** [ˈneɪbə] Nachbar/in · [3] **son** [sʌn] Sohn · [4] **noisy** [ˈnɔɪzi] laut, lärmend ·
[5] **famous** [ˈfeɪməs] berühmt

Begleiter und Pronomen

57 Artikel
→ S. 46, Abschnitt 26

In welche Spalte gehören die Wörter und Ausdrücke aus dem Kasten?

> armchair · blue uniform · CD · easy unit · electric guitar · guitar · half · home · hour · house ·
> Indian restaurant · important idea · MP3 player · musical · one-week holiday · orange umbrella · umbrella ·
> uncle · uniform · unit

a [ə] / the [ðə]		an [ən] / the [ði]	
blue uniform		armchair	

58 Artikel
→ S. 46, Abschnitt 26

Vervollständige die Sätze.

1 (teacher – author)

   Elizabeth Niles is a teacher, but in her dreams she

   would like to be _____.

2 (cameraman – actor)

   John Gibson works as _____, but in

   his dreams he would like to get a job as _____.

3 (farmer – clown)

   Gary Jones is _____, but in his dreams he

   would like to work as _____.

4 (reporter – police officer)

   Jill Clarke works as _____, but in her

   dreams she would like to be _____.

59 Personalpronomen
→ S. 47, Abschnitt 27

Setze die passenden Personalpronomen ein. Achte darauf, ob du eine Subjektform (*I, you, he, she, …*) oder eine Objektform (*me, you, him, her, …*) brauchst.

Alice: Where were _____ on Saturday evening, Hannah? We called _____, but _____ weren't at home.

Jacob: Alice and I wanted to ask _____ to come with _____ to see that new film at Studio 4.

Hannah: I'm sorry. I didn't know _____ were going to the cinema. I went to a party at a friend's house in Redland.

   _____ was great. I met some old friends there. _____ are from Manchester, and I talked to _____ for a

   long time. I knew _____ from school. It was good to see _____ after so many years. I also saw an old

   boyfriend[1], but I don't think he saw _____. He had a new girl with _____. _____ didn't look very

   friendly. I didn't like _____, and I didn't try to talk to _____.

---

[1] **boyfriend** (fester) Freund

60 Possessivbegleiter

➡ *S. 47, Abschnitt 28*

Setze die passenden Possessivbegleiter ein – *my, your, his, her, its, our* oder *their*.

We have a new flat – at last! _____ old flat was really small, so _____ sister and I had to share[1] a room. The problem was that she left _____ clothes everywhere[2] – on the floor, on the chairs, on _____ beds. I'm different. I always try to put _____ clothes away. My parents were often angry with us because _____ room was so untidy[3]. (Well, don't tell them that I told you, but _____ bedroom often looked the same.) But every day _____ father said, "Go and tidy up[4] _____ room." It wasn't fair.

_____ brother was lucky[5]. He had _____ own room and it was big, so it never really looked untidy. Even _____ dog had _____ own "room" (a basket really). But now everything is different. We all have _____ own rooms.

61 Possessivpronomen

➡ *S. 48, Abschnitt 29*

Sieh dir die beiden Dialoge an und ersetze die Wörter in Klammern durch das passende Possessivpronomen (*mine, yours, ...*).

1 Ella: Our fashion[6] show is great. What about class 7BW? Do you know anything[7] about _____ (their fashion show)?

Sarah: No, I don't. But _____ (our fashion show) is fun. Our dresses are super. _____ (My dress) is ready. What about _____ (your dress), Ella?

Ella: _____ (My dress) is almost ready. ... Did Jenny show you _____ (her dress) when you went to see her yesterday?

Sarah: No, she didn't.

2 Andrew: Can you show me your maths homework, Mary?

Mary: I don't have it here. Ask Benjamin. Maybe he can show you _____ (his maths homework).

Andrew: Benjamin, do you have your maths homework?

Benjamin: Yes, I do. But I'm not sure it's correct. Ask Ava or Sue. _____ (Their maths homework) is usually right.

Dad, that's not our car! Ours is green.

[1] (to) **share** [ʃeə] (sich) teilen · [2] **everywhere** [ˈevriweə] überall · [3] **untidy** [ʌnˈtaɪdi] unordentlich · [4] (to) **tidy up** aufräumen · [5] (to) **be lucky** [ˈlʌki] Glück haben · [6] **fashion** [ˈfæʃn] Mode · [7] **anything?** [ˈeniθɪŋ] (irgend)etwas?

62 this, that – these, those

→ S. 48, Abschnitt 30

Vervollständige das Telefongespräch mit *this, that, these, those*.

Sophie: Hello.

Amelia: Hello.

Sophie: Who's _____?

Amelia: _____ is Amelia.

Sophie: Oh hi, Amelia. Sorry, I didn't recognize[1] your voice.

Amelia: _____'s OK. I think there's something wrong with _____ phone. Listen, are you free _____ evening?

Sophie: _____ evening? No, I'm sorry. I have to stay at home _____ days. I'm in the middle of exams[2].

Amelia: What about next Monday then? _____'s after your exams, isn't it? We could meet at _____ nice café. You know, where they sell _____ yummy muffins.

Sophie: Yes, _____'s fine.

Amelia: OK. See you next Monday then. Bye.

63 Mengenangaben: *much/many*

→ S. 49, Abschnitt 31.1

Vervollständige die Sätze mit *much* bzw. *many*.

1 My dad says that I get too _____ pocket money, but that's not true! Not _____ kids in my class get only £5 per week.

2 Not _____ people visit our town on weekdays. But at the weekend we often get too _____ tourists, and there is too _____ traffic[3].

3 Let's buy orange juice[4]. There isn't as _____ sugar[5] in orange juice as in cola. – But cola doesn't cost[6] as _____. And they don't have as _____ bottles of orange juice as we need.

4 How _____ ice cream did you eat last week? And how _____ hamburgers did you have?

64 Mengenangaben: *lots of/much/many*

→ S. 49, Abschnitt 31.1

Wie ernährst du dich? Sieh dir die Wörter im Kasten an und vervollständige die Sätze.

1 I eat lots of _____ .

2 I eat too much _____ .

3 I don't eat much _____ .

4 I don't eat many _____ .

5 I eat too many _____ .

biscuits · bread · cake · cheese · chocolate · fruit · hamburgers · ice cream · jam · meat · muffins · pizza · potatoes · salad · sandwiches · soup · vegetables · …

I don't have **much** time. (nicht **viel** Zeit)

You read too **many** books. (zu **viele** Bücher)

[1] (to) **recognize** ['rekəgnaɪz] erkennen · [2] **exam** [ɪg'zæm] Prüfung · [3] **traffic** ['træfɪk] Verkehr · [4] **juice** [dʒuːs] Saft · [5] **sugar** ['ʃʊgə] Zucker · [6] (to) **cost** [kɒst] kosten

65 Mengenangaben: *some/any*

→ S. 50, Abschnitt 31.2, 31.4

Jenny und ihre Mutter sind dabei, Jennys Geburtstagsfeier vorzubereiten. Vervollständige das Gespräch mit *some* bzw. *any*.

Jenny: Mum, do we need _____ hamburgers for

the party?

Mum: No, we don't. There are still _____ in the

fridge¹.

Jenny: What about oranges for the fruit salad?

Mum: There are _____ apples, I think, but there

aren't _____ oranges. Can you go and buy

_____?

Jenny: OK … Mum, do we have _____ sweets²?

Mum: There are _____ sweets in the cupboard,

I think. Would you like _____ crisps³, too?

- bejahte Aussagesätze → *some*
- verneinte Aussagesätze und Fragen → *any*
- Fragen, mit denen man etwas anbietet oder um etwas bittet → *some*

Jenny: Yes, please. And what about cola, Mum? Can we

buy _____ cola?

Mum: Sorry, Jenny, but we don't need _____ cola.

We have _____ lemonade⁴ and lots of orange

juice.

66 *somebody/anybody* – *something/anything*

→ S. 50, Abschnitt 31.3

Vervollständige den Dialog zwischen Tim und seiner Schwester Jenny. Setze *somebody, anybody, something* oder *anything* ein. (Statt *somebody* und *anybody* kannst du auch *someone* bzw. *anyone* verwenden.)

Tim: Did _____ call while⁵ I was out?

Jenny: Yes, _____ called just after you left.

Tim: Who was it?

Jenny: I don't know. _____ called Anna,

I think.

Tim: I don't know _____ called Anna. But I

know _____ called Hannah.

Jenny: Yes, that was it.

Tim: Did she say what it was about?

Jenny: Yes, she did. She said _____ about a

party on Saturday. She said she didn't have

_____ to go with.

Tim: Oh no. I don't want to go with her.

Jenny: Why not?

Tim: I want to go with … oh, never mind⁶.

Jenny: Tim! Who do you want to go with?

Tim: _____ you don't know.

Jenny: Oh come on. You don't tell me _____.

Who is she?

Did anyone call while I was out?

¹ **fridge** [frɪdʒ] Kühlschrank · ² **sweets** *(pl)* Süßigkeiten · ³ **crisps** *(pl)* (Kartoffel-)Chips ·
⁴ **lemonade** [ˌleməˈneɪd] Limonade · ⁵ **while** [waɪl] während · ⁶ **Never mind.** [ˌnevə ˈmaɪnd] Vergiss es.

Das Adjektiv

67 Gebrauch
➡ *S. 51, Abschnitt 32*

Wähle passende Adjektive für die Lücken aus und ordne die Sätze 1–5 den Sätzen a–e zu.

1 Hmm, what are you cooking[1]?

2 Let's not walk down there.

3 I think I'll take this book.

4 A very _____ car!

5 I wouldn't go swimming here.

a) The story sounds _____.

b) The sea is too _____.

c) It smells _____.

d) But the price is a bit _____.

e) That area looks _____.

> dangerous ·
> fantastic · high ·
> interesting ·
> nice · wild

68 Die Steigerung der Adjektive
➡ *S. 51, Abschnitt 33*

a) Vervollständige die Tabelle.

Grundform	Komparativ	Superlativ	Grundform	Komparativ	Superlativ
cold	colder	(the) coldest			(the) darkest
	angrier		easy		
beautiful			fat		
		(the) biggest	nervous		
	more boring			nicer	

b) Vervollständige die Regel.

> Einsilbige Adjektive sowie zweisilbige Adjektive, die auf **-y** enden: Steigerung mit _____
>
> Andere zweisilbige Adjektive sowie Adjektive mit mehr als zwei Silben: Steigerung mit _____

69 Das Adjektiv in Vergleichen
➡ *S. 52, Abschnitt 34*

In einer Umfrage konnten britische Familien Gründe angeben, warum sie ihren Urlaub gern im Ausland verbringen. Hier sind einige Ergebnisse. Schreib Sätze mit der ersten Steigerungsform (dem Komparativ) wie im Beispiel.

1 (43 %: holidays – cheap)   43% go abroad[2] because holidays there are cheaper.

2 (76 %: the weather – good)   76% go abroad because the weather is _____.

3 (36 %: the sea – warm)   36% go abroad because _____.

4 (22 %: hotels – modern)   22% go abroad because _____.

5 (8 %: nightlife – exciting)   8% go abroad because _____.

6 (12 %: food – interesting)   12% go abroad because _____.

---

[1] (to) **cook** [kʊk] kochen · [2] **abroad** [ə'brɔːd] im/ins Ausland

70 Das Adjektiv in Vergleichen ➡ *S. 52, Abschnitt 34*

Lies die Informationen über Megan und James und stelle Vergleiche an.
(Wie im Beispielsatz 1 gibt es immer mehrere Möglichkeiten.)

Megan Wells: 16 years old –
1.64 metres tall – two sisters,
one brother – bad at French,
good at maths

James Collins: 14 years old –
1.71 metres tall – one sister,
no brothers – good at French,
bad at maths

1 (young/old) *Megan is older than James.*

   or *James is younger than Megan.*

   or *James isn't as old as Megan.*

2 (tall/short) _____

   _____

   _____

3 (family: big/small) *Megan's family is* _____

   _____

   _____

4 (good at French/bad at French) _____

   _____

   _____

5 (good at maths/bad at maths) _____

   _____

   _____

*This book is
even[1] scarier than
the last one.*

 71 Das Adjektiv in Vergleichen ➡ *S. 52, Abschnitt 34*

Vervollständige Matthews Beschreibung seiner Familie.

1 My mother is not very **tall**. I'm _____ than _____. My brother is

   the _____ in the family. Even[1] my father is *not as tall as* _____.

2 I like my brother. He's **nice**. But my sister is _____ than _____ –

   and Grandma is the _____ of them all. Nobody is *as* _____.

3 I don't like my cousins Emma and Katie. I think they're **silly**.

   And their dog Winston is even _____ than _____.

German: älter als **ich/er/wir/…**

English: older than **me/him/us/…**

---

[1] **even** ['iːvn] sogar

94

Das Adverb der Art und Weise

72 Arten von Adverbien

→ S. 21–22, Abschnitt 8; S. 53, Abschnitt 35

A man stole[1] a pig from a farm near Thirsk **yesterday**. When the police questioned Gary Donald (53), he told them, "I was driving[2] **slowly** along the road when I saw this pig in the middle of the road. I tried to take it back to the farmer who owned[3] it. But I couldn't find the farm, so I took the pig **home** with me. I don't **always** bring pigs home with me, so my wife[4] was very surprised.

I let the pig out and put it in my back garden. I thought it would be OK **there**. It was **happily** eating the flowers in the garden when our neighbours called the police." The police listened **carefully** to Donald's story, but they didn't believe[5] it. **Later**, Donald was sent to prison for three months.

Schreib die markierten Adverbien aus dem Text in die richtigen Spalten der Tabelle.

Adverb of manner	Adverb of place	Adverb of time	Adverb of frequency
slowly			
			_____
	_____	_____	_____

73 Adverbien der Art und Weise: Gebrauch

→ S. 53, Abschnitt 35–36

Auf welche Art und Weise kann man die folgenden Dinge tun? Ordne den Aktivitäten jeweils drei passende Adverbien aus dem Kasten zu. Dann überleg dir für jede Aktivität noch ein weiteres passendes Adverb.
(Es gibt hier nicht nur eine richtige Lösung.)

> angrily · excitedly · happily ·
> hungrily · loudly · madly ·
> nervously · quietly · slowly

1 watch a tennis match   You can watch a tennis match excitedly / _____.

2 eat breakfast   You can _____.

3 shout at someone   You can _____.

74 Adverbien der Art und Weise: Form

→ S. 53, Abschnitt 36

Bilde Adverbien aus den sechs Adjektiven im Kasten und setze sie an den passenden Stellen ein.
(Die erste Spalte ergibt ein Lösungswort, das mit dem Thema „Adverbien" zu tun hat.)

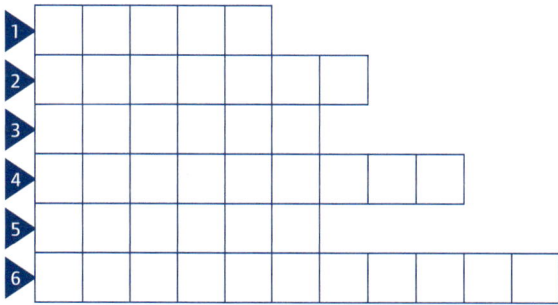

> angry · easy · mad ·
> nervous · nice · responsible

---

[1] (to) **steal**, *simple past:* **stole** [sti:l, stəʊl] stehlen · [2] (to) **drive**, *simple past:* **drove** [draɪv, drəʊv] fahren · [3] (to) **own** [əʊn] besitzen · [4] **wife**, *pl* **wives** [waɪf, waɪvz] Ehefrau · [5] (to) **believe** [bɪ'liːv] glauben

75 **Adverbien der Art und Weise: Form und Gebrauch** ➔ *S. 53, Abschnitt 35–36*

Bilde Adverbien aus den Adjektiven im Kasten und vervollständige den Text, indem du die Adverbien an den passenden Stellen einsetzt.

> angry · bad · good · happy · loud · normal · quiet

John Carlton, a DJ on a Leeds radio station, lost[1] his job last week because he was rude[2] to a listener.

The programme started <u>normally</u>. People rang John, and John talked to them quite[3] _____ for half an hour. Then a woman phoned. She wanted to talk about her dog. John spoke to her _____ at first. When he wanted to end the call, the woman didn't stop talking, so he spoke to her more _____.

Finally, he shouted _____ at her and ended the call.

Later he said, "I tried as _____ as I could to control myself. I don't think I was rude to her."

But his boss didn't agree. He turned off John's microphone and told the listeners he was sorry that John had behaved[4] so _____.

John Carlton is now looking for a new job.

 76 **Adverb der Art und Weise oder Adjektiv?** ➔ *S. 51, Abschnitt 32; S. 53, Abschnitt 35*

Adverb der Art und Weise oder Adjektiv?
Lies den Text und kreise das richtige Wort ein. Streiche die falschen Wörter durch.

Nora and her friends like school. They usually work (**happily**) / ~~happy~~ and learn **well / good** . Their work usually isn't **badly / bad** , and their teacher, Mr Evans, likes them because they're **nicely / nice** kids.

Only sometimes, when they run around **madly / mad** in the classroom, Mr Evans gets **angrily / angry** and talks to them **loudly / loud** . And then, when he gives them extra homework, they're suddenly **quietly / quiet** – and not very **happily / happy** .

 77 **Adverb der Art und Weise oder Adjektiv?** ➔ *S. 51, Abschnitt 32; S. 53, Abschnitt 35*

Adverb der Art und Weise oder Adjektiv? Vervollständige den Text.
(In den Klammern steht immer das Adjektiv! Für einige der Lücken musst du das Adverb bilden.)

Angel is a _____ (nice) cat. She sits _____ (quiet) on my bed most of the time. But if I forget to give her her lunch, she is very _____ (unhappy) and looks at me _____ (angry).
Like all cats, she's very _____ (clever). In our garden, she always moves really _____ (slow) so that the birds don't see her.

Last year, Angel had four _____ (beautiful) babies. She looked after them _____ (good). After two months, we gave them away to some _____ (good) friends. I was a bit _____ (sad) at first, but later when I saw them play _____ (happy) in our friends' garden, it was OK.

---

[1] (to) **lose,** *simple past:* **lost** [luːz, lɒst] verlieren · [2] **rude** [ruːd] unhöflich, unverschämt · [3] **quite** [kwaɪt] ziemlich · [4] (to) **behave** [bɪ'heɪv] sich verhalten

Fragewörter

78 who – what – which – when – where – how

➜ *S. 54, Abschnitt 37–41*

Ashley Cooper hat den Rocksänger Nick Parsons interviewt. Auf einem Zettel hatte sie notiert, was sie ihn fragen wollte (Ziffern 1 bis 8). Während des Interviews notierte sie Nicks Antworten in Kurzform.
Lies ihre Fragen und Antwortnotizen und schreibe das vollständige Interview auf.
Achte auf die richtige Zeitform: 5x *simple past*; 2x *simple present*; 1x *will-future*.

1	school where?	*Chester*
2	which school?	*Kingsway High School*
3	feelings about school?	*OK most of the times*
4	favourite subject?	*art*
5	left school when?	*in 2002*
6	how many guitars?	*6, but would like some more*
7	next concert where?	*Bristol*
8	favourite singer?	*Chris Martin of Coldplay*

1 Ashley: *Where did you go* _____ ? Nick: *I went to school in* _____ .

2 Ashley: *Which school* _____ *to*? Nick: _____ .

3 Ashley: *How did you feel* _____ ? Nick: *It was* _____ .

4 Ashley: _____ ? Nick: _____ .

5 Ashley: _____ ? Nick: _____ .

6 Ashley: _____ ? Nick: _____ .

7 Ashley: _____ ? Nick: _____ .

8 Ashley: _____ ? Nick: _____ .

Präpositionen

79 Arten von Präpositionen

➜ *S. 55, Abschnitt 42–43*

Police stopped four men **on** the M63 **near** Manchester **on** Tuesday. Police officer Terry Hicks said he was driving his police car when a Ford Sierra overtook[1] him **at** high speed[2]. He followed the car **for** about five minutes before he could stop it. The men said they were **in** a hurry[3] because they were **on** their way **to** church[4] – the driver's sister was getting married. Police officer Hicks said he didn't believe[5] their story because it was 7.05 pm **on** a Tuesday evening and all four men were wearing Manchester United shirts, and Manchester United were playing **against** Liverpool that evening.

Schreib die markierten Präpositionen aus dem Text in die richtige Spalte der Tabelle.

Präpositionen des Ortes/ der Richtung	Präpositionen der Zeit	andere Präpositionen
on, _____	on, _____	_____

---

[1] (to) **overtake**, *simple past:* **overtook** überholen · [2] **at high speed** mit hoher Geschwindigkeit · [3] **in a hurry** in Eile ·
[4] **church** [tʃɜːtʃ] Kirche · [5] (to) **believe** [bɪˈliːv] glauben

80 Präpositionen des Ortes/der Richtung
➡ S. 55, Abschnitt 42–43

Vervollständige die folgenden Texte mit den richtigen Präpositionen. Im Kasten stehen die deutschen Entsprechungen aller Präpositionen, die du brauchst.

> aus ... heraus · durch · entlang · hinauf · hinunter · in ... hinein · über (2x) · um ... herum · vor · zu

a) Daniel's dog Finn ran _____ Daniel's room, but Daniel wasn't there. So he ran _____ the house and jumped _____ the garden wall[1]. Then he ran _____ Park Road and _____ _____ Park Road Bridge. _____ Daniel's school, he sat down to wait for Daniel.

b) On Saturday we went for a long ride on our bikes. First we rode _____ a big hill. Then we climbed _____ the other side. We rode _____ a forest[2] and _____ a lake. We stopped and walked _____ the ruins[3] of an old castle. When the sun was starting to go down, we rode home.

81 Präpositionen der Zeit: *at – in – on*
➡ S. 55, Abschnitt 42–43

Mit welcher Präposition werden die Zeitangaben im Kasten verwendet? Schreib sie in die richtige Spalte der Tabelle.

> Thursday · the spring · the afternoon · Friday afternoon · six o'clock · night · 1995 · the morning · October 22nd · July · breakfast time · ten to five · my birthday · the moment · the autumn · the 20th century · the weekend · midnight · the first day of the month

at	in	on
at six o'clock	in the spring	on Thursday
		_____
		_____

82 *about – across – after – against – along – at*
➡ S. 55, Abschnitt 42–43

Setze die fehlenden Präpositionen ein. Sie beginnen alle mit „a".

1 How many people were _____ the party?

2 They talked _____ football all evening.

3 Turn left[4] _____ the hospital and walk _____ the road till you get to the bus stop.

4 What's this story _____?

5 Your dog always runs _____ my cat.

6 I often stay _____ my aunt's house.

7 We wanted to go swimming, but Mum was _____ it.

8 Please don't call me _____ 10 o'clock.

---

[1] **wall** [wɔːl] Mauer · [2] **forest** [ˈfɒrɪst] Wald · [3] **ruin** [ˈruːɪn] Ruine · [4] (to) **turn left** links abbiegen

Konjunktionen

83 *and – but – because – when* → S. 56, Abschnitt 44

Vervollständige die folgenden drei Texte mit den passenden Konjunktionen: *and, but, because, when*.

a) Ellie couldn't go to school last week _____ she was ill[1]. She had an accident[2] at the swimming pool

_____ broke her leg. Her little brother visited her _____ she was in hospital. He wanted to take

her something, _____ he had no money. So he drew her a picture.

b) Anna and Lisa are twins, _____ they like different things. They like different food, read different books

_____ have different friends. But lots of people think they are the same _____ they look the same.

They get very angry _____ other students call them Annalisa.

c) Mark was on his way to school one day _____ a young man got off the train[3] – _____ left his

bag on the train. Mark jumped up _____ he thought there was a bomb[4] in the bag _____ pulled the

emergency brake[5]. He was a lot happier _____ the train stopped _____ everybody got off.

Bedingungssätze

84 *if – when* → S. 57, Abschnitt 45

if oder *when*? Vervollständige den Dialog.

Jessica: _____ the weather is good tomorrow, I'll go to the beach.

Lewis: And what are you going to do _____ you get there?

Jessica: I'll go swimming _____ the water isn't too cold.

Lewis: I see. I'll come with you _____ you like.

Jessica: OK. _____ you bring something to eat, I'll bring something to drink.

Lewis: I don't think that's a good idea. Can't we eat _____ we get home?

if = wenn, falls
when = (dann) wenn

85 Bedingungssätze, Typ 1 → S. 57, Abschnitt 45

Katies Mutter gibt Tipps für Katies Radtour. Ordne die *if*-Sätze 1 – 5 den Imperativen a – e zu.

1 If you plan to go far,   a wait somewhere[6] until it stops.

2 If it's hot,   b call us – or call the police.

3 If you don't take anything to eat,   c take something to drink.

4 If it starts to rain,   d take a map.

5 If you can't find your way back,   e take enough money to buy some food.

---

[1] **ill** krank · [2] **accident** ['æksɪdənt] Unfall · [3] **train** Zug · [4] **bomb** [bɒm] Bombe ·
[5] **emergency brake** [ɪ'mɜːdʒənsi breɪk] Notbremse · [6] **somewhere** irgendwo

86 Bedingungssätze, Typ 1 → *S. 57, Abschnitt 45*

Rebecca will sich von ihrem Freund trennen. Sie schreibt ihm einen Brief. Vervollständige die Sätze mit den richtigen Zeitformen der Verben (*simple present* im *if*-Satz, *will-future* im Hauptsatz).

1   If you _____ (read) this carefully, you _____ (understand).

2   You probably _____ (not be) surprised if you _____ (think) about it.

3   If I _____ (tell) you the truth[1] now, it _____ (hurt) you.

4   But if we _____ (go on) like this, you _____ (not thank) me in the end.

5   If we _____ (end) it now, both of us _____ (be) free to find someone else[2].

6   If you _____ (write) to me, I _____ (send) the letters back.

7   I _____ (not answer) my phone if you _____ (try) to phone me.

 87 Bedingungssätze, Typ 1 → *S. 57, Abschnitt 45*

Vervollständige den Dialog: Bilde eine „*if*-Kette" aus sieben *if*-Sätzen.

A I think I'll stay at home this evening.

1   **B** Well, *if you stay at home*, I'll ask Joshua to go out with me.

2   **A** *If Joshua* _____ *out with you, you'll probably* _____ .   (probably stay out late)

3   **B** *If we stay* _____ .   (we/have a lot of fun)

4   **A** *If you have* _____ .   (you/not sleep much)

5   **B** *If I* _____ .   (I/stay in bed tomorrow morning)

6   **A** *If you* _____ .   (you/be late for work)

7   **B** *If I* _____ .   (my boss/be angry)

 88 Bedingungssätze, Typ 1 → *S. 57, Abschnitt 45*

Vervollständige die Hauptsätze mit den Wörtern aus dem Kasten.
(Nutze die deutschen Wörter rechts am Rand als Hilfe.)

> can · 'll · 'll have to · mustn't · should ·
> shouldn't · won't

1   If you have the time, you _____ go on a boat trip down the Thames.   *solltest*

2   If we want to take the train to the London Docklands, we_____ hurry.   *müssen*

3   If you check the timetable, I_____ buy the tickets.   *werde*

4   We _____ go too far if we haven't got a map.   *dürfen nicht*

5   If you go into St Paul's Cathedral, I _____ come with you.   *werde nicht*

6   We _____ buy some sandwiches if you're hungry.   *können*

7   If it gets dark, we _____ walk around on our own.   *sollten nicht*

[1] **truth** [tru:θ] Wahrheit   ·   [2] **someone else** jemand anders

89 EXTRA Bedingungssätze, Typ 2

➜ S. 58, Abschnitt 46

Holly ist mit ihrem Leben im Moment nicht besonders zufrieden. Sie stellt sich vor, was wäre, wenn ...
Vervollständige ihre Sätze.

1 If I <u>was</u> (be) older, I'd get (I would get) (get) a part-time job¹.

2 If I _____ (have) a part-time job, I_____ (earn²) some money.

3 And if I _____ (earn) some money, I_____ (buy) some new clothes.

4 If I _____ (wear) some new clothes, I_____ (look) better.

5 And if I _____ (look) better, I _____ (not be) so shy.

6 Then I_____ (go) to clubs and discos even if my friends _____ (not want) to join me.

7 I_____ (meet) new people if I _____ (go) out more.

8 My whole life _____ (be) different if I _____ (have) a job.

90 EXTRA Bedingungssätze, Typ 2

➜ S. 58, Abschnitt 46

Lies die Sätze 1 – 8 und vervollständige die *if*-Sätze.

Life would be much easier if that cat didn't live in the library.

1 Holly doesn't get a job because she isn't old enough.

   If Holly was older, she'd get a job / she would get a job.

2 Mr Green doesn't have much money because he smokes³ so much.

   If Mr Green didn't _____ so much,

   he _____ more money.

3 We can't go to the beach because it's too cold.

   If it wasn't so cold, we _____ to the beach.

4 I don't talk to Amy because she's so unfriendly.

   If Amy _____

5 Jack doesn't often see his girlfriend⁴ because she lives so far away.

   If Jack's girlfriend _____

   _____

6 You don't understand because you don't listen.

   If you _____

7 I can't write to Chloe because I don't have her address.

   If I _____

8 Mr Black doesn't speak clearly – that's why people don't understand him.

   If Mr Black _____

   _____

---

¹ **part-time job** Teilzeitjob · ² (to) **earn** [ɜːn] verdienen · ³ (to) **smoke** [sməʊk] rauchen · ⁴ **girlfriend** (feste) Freundin

Relativsätze

 91 Die Relativpronomen *who, which, that* ➔ *S. 59, Abschnitt 47–48*

Devon is a county in the southwest of England – an area **which** is famous[1] for its cream teas, green fields and blue sea. And Holbeton is a typical Devon village. In Holbeton, you meet people **who** aren't too busy to stop and talk, people **who** welcome visitors from other parts of the country and from other countries.

And the village postman still takes local news to every house **that** he visits, not just letters. Everyone **that** likes the atmosphere of a traditional English pub[2] will enjoy[3] a visit to the *Dartmoor Union Inn*, one of the village pubs **which** sell fine food and beer[4].

Sieh dir den Text oben an und vervollständige die Regeln für die Relativpronomen:

– **who** steht in Relativsätzen, die _____ beschreiben.   Beispiel: _____ *who ...*

– **which** steht in Relativsätzen, die _____ beschreiben.   Beispiel: _____ *which ...*

– **that** wird für _____ verwendet.   Beispiele: _____ *that ...*

_____ *that ...*

 92 Relativsätze ➔ *S. 59, Abschnitt 47–48*

Mrs Baker war Zeugin eines Banküberfalls *(robbery)* und wird von einem Polizisten befragt. Vervollständige ihre Aussage mit *who* oder *which*.

"Yes, that's right, I saw the robbery _____ took place[5] this morning. I was standing outside the bank _____ they robbed. The first man _____ came out of the bank had a knife in his hand. The man _____ was with him was wearing a baseball cap, and the bag _____ he was holding was full of money.

The man _____ I can remember best was very tall. They drove away in a car _____ had no number plates[6]. It was an old black Vauxhall _____ was probably stolen[7]. The man _____ was waiting in the car was wearing sunglasses."

You don't know what a clock is? A clock is that thing that tells you what time it is.

---

[1] **famous** [ˈfeɪməs] berühmt · [2] **pub** [pʌb] Kneipe · [3] **(to) enjoy** [ɪnˈdʒɔɪ] genießen · [4] **beer** Bier · [5] **(to) take place** stattfinden · [6] **number plate** Nummernschild · [7] **... was probably stolen** [ˌprɒbəbli ˈstəʊlən] ... war wahrscheinlich gestohlen

93 who – whose – who's

→ S. 59, Abschnitt 47–48

Molly und Thomas stehen vor dem Schrank mit den Fundsachen in ihrer Schule.
Setze *who, whose* oder *who's (who is)* ein. Ergänze dann den Merkzettel rechts.

Molly: Look at this jacket. _____ is it? Do you know?

Thomas: I think it's Shannon's.

Molly: _____ Shannon?

Thomas: The girl _____ lives round the corner from Luke.

Molly: And _____ Luke? Do I know him?

Thomas: Yes, you do. He's the boy _____ always wears

that green anorak.

Molly: Oh yes, of course. ... And _____ trainers are these?

Thomas: No idea. I don't know anybody _____ would

wear orange trainers!

> - **the boy who ... =**
>
>   der Junge, <u>der</u> ...
>
> - **Who's ...? =**
>
>   _____ ...?
>
> - **Whose trainers ...? =**
>
>   _____ Turnschuhe ...?
>
> - **Whose is it? =**
>
>   Wem _____ er/sie/es?

Whose father works in a TV studio in Boston?

I know! That's Justin's father.

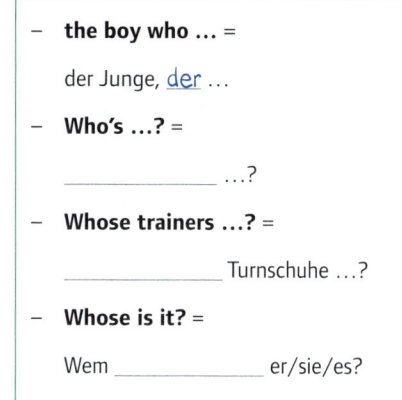

94 Relativsätze

→ S. 59, Abschnitt 47–48

Ergänze Relativsätze wie im Beispielsatz 1. Verwende das *simple past*.

1 The camping trip ... wasn't much fun. (I/go on)

The camping trip <u>which/that I went on</u> wasn't much fun.

2 The friend ... got ill[1]. (I/go with)

The friend _____ .

3 Some food ... was bad. (he/eat)

_____ .

4 The campsite ... was very crowded[2]. (we/stay at)

_____ .

5 The people ... said that we were too noisy[3]. (we/camp next to)

The people _____ .

6 The mountain ... was too high. (we/try to climb)

_____ .

[1] **ill** [ɪl] krank · [2] **crowded** [ˈkraʊdɪd] voll, überfüllt · [3] **noisy** [ˈnɔɪzi] laut, lärmend

➜ *S. 59, Abschnitt 47–48*

Das Kreuzworträtsel oben ist schon gelöst. Aber wie lauteten die Lösungshinweise?
Sieh dir die Lösungswörter oben im Rätsel an. Unten findest du „Bausteine", aus denen du die Lösungshinweise bilden kannst. Schreib die Lösungshinweise in dein Übungsheft. Beispiele:

Across (= waagerecht)

4 (postman)   The man who brings us letters.

6 (teacher)   Someone ...

7 …

Down (= senkrecht)

1 (hat)   Something which you wear on your head.

2 (horse)   An animal ...

3 …

Across:

a man		brings us letters
a student		British kids have to wear at school
somebody	**who**	has children
someone	**which**	is in the same class as you
the clothes		lives next to you
the man		teaches you at school

Down:

an animal (3x)		act in a play or film
a person		farmers used before there were tractors
someone	**who**	gives us milk
something	**which**	tells other people on a ship what to do
the people		we get bacon[1] from
		writes stories for newspapers[2]
		you wear on your head

---

[1] **bacon** ['beɪkən] Speck, Schinkenspeck · [2] **newspaper** Zeitung

96 EXTRA Relativsätze ohne Relativpronomen

➡ *S. 60, Abschnitt 49*

Ordne die Hauptsätze 1–6 den Relativsätzen a–f zu.
Setze nur dort *who* bzw. *which* ein, wo es nötig ist.

Main clauses	**Relative clauses**
1 At the end of the 20th century,	a _____ would like to see modern London.
Docklands was an area ...	b _____ goes back to Roman² times.
2 Today it is a part of London ...	c _____ a lot of visitors didn't want to see.
3 On some tours you can listen to guides ...	d _____ are planning for the future.
4 Some of the places there have a history ...	e _____ every tourist should visit.
5 But Docklands is not only for tourists ...	f _____ know all about the places in Docklands.
6 It is also important for business people¹ ...	

> Wenn das Relativpronomen direkt vor dem Verb steht, ist es Subjekt – dann darfst du es nicht weglassen.

97 EXTRA Relativsätze ohne Relativpronomen

➡ *S. 60, Abschnitt 49*

Verwende Relativsätze ohne Relativpronomen wie im Beispiel.
(Beachte: Die *schräg* gedruckten Wörter musst du weglassen.).

1 The London sightseeing bus wasn't full. (We got on *it*.)

The London sightseeing bus <u>we got on </u>wasn't full.

2 Our guide told a lot of jokes. (I didn't find *them* funny.)

Our guide told a lot of jokes <u>I didn't</u> _____.

3 I really liked that café in Covent Garden. (Our friends took us to *it*.)

I really liked that café in Covent Garden _____.

4 Some of the people were American. (We sat next to *them*.)

Some of the people _____.

5 The musicians³ in Covent Garden were really young. (We listened to *them*.)

The musicians _____.

6 Some of the clothes were very expensive. (We looked at *them* in the Covent Garden shops.)

Some of the clothes _____

_____.

7 The most interesting sight was the London Eye. (I saw *it* from the bus.)

The most interesting sight _____.

8 The street artists on the South Bank were fantastic. (We watched *them*.)

The street artists _____.

¹ **business people** [ˈbɪznəs piːpl] Geschäftsleute · ² **Roman** [ˈrəʊmən] römisch · ³ **musician** [mjuˈzɪʃn] Musiker/in

Kurz- und Langformen

 98 Kurz- und Langformen

→ S. 61, Abschnitt 50

Zwei Studentinnen an einer englischen Sprachschule unterhalten sich. Ihr Gespräch würde viel natürlicher klingen, wenn sie Kurzformen benutzen würden.

Links steht ihr Gespräch mit Langformen. Schreib es rechts noch einmal auf – mit Kurzformen.

A Are you ready?	**A** Are you ready?
B No, I am not. Not quite.[1]	**B** No, I_____. Not quite.
A Well, hurry up. It is late.	**A** Well, hurry up. _____ late.
B Do not worry. It is only 6 o'clock.	**B** _____ worry. _____ only 6 o'clock.
A But we will be late.	**A** But we_____ be late.
B No, we will not. And you do not have to wait for me if you do not want to.	**B** No, we _____. And you _____ have to wait for me if you _____ want to.
A But I would like to go with you.	**A** But _____ like to go with you.
B I will be ready in a minute.	**B** I_____ be ready in a minute.
A Where is your ticket? Do not forget it.	**A** Where_____ your ticket? _____ forget it.
B Oh, dear. I do not know.	**B** Oh, dear. I _____ know.

Unregelmäßige Verben

99 Unregelmäßige Verben

→ S. 62–63, Abschnitt 51

Vervollständige die Sätze mit der richtigen Form der Verben in Klammern.
Denk dran: In *simple past*-Sätzen brauchst du die *simple past*-Form (*took, went, …*), in *present perfect*-Sätzen das *past participle* (*taken, gone, …*).

1 Who _____ (take) that photo of the London Eye that you _____ (send) me yesterday?

2 I _____ (feel) ill[2] last night, so I _____ (go) to bed and _____ (sleep) for eight hours.

3 I've _____ (ring) them four or five times, but there's no answer. I think they've _____ (go) out.

4 My brother _____ (sell) his motorbike last year after he _____ (have) an accident[3].

5 I _____ (give) her a shopping list, but she _____ (forget) to take it with her when she _____ (leave) the house.

6 Mr Price hasn't _____ (find) his keys yet. He can't remember where he _____ (put) them when he _____ (come) home from work.

7 Someone _____ (break) into the museum last night. The police haven't _____ (catch) them yet.

8 Olivia has often _____ (think) about learning to play the guitar, but she hasn't _____ (do) it yet.

---

[1] **Not quite.** [kwaɪt] Nicht ganz. · [2] **ill** [ɪl] krank · [3] **accident** ['æksɪdənt] Unfall

100 Unregelmäßige Verben

→ S. 62–63, Abschnitt 51

a) Hier geht es um die *simple past*-Formen (*saw, paid, …*) der Verben in den Kästen.

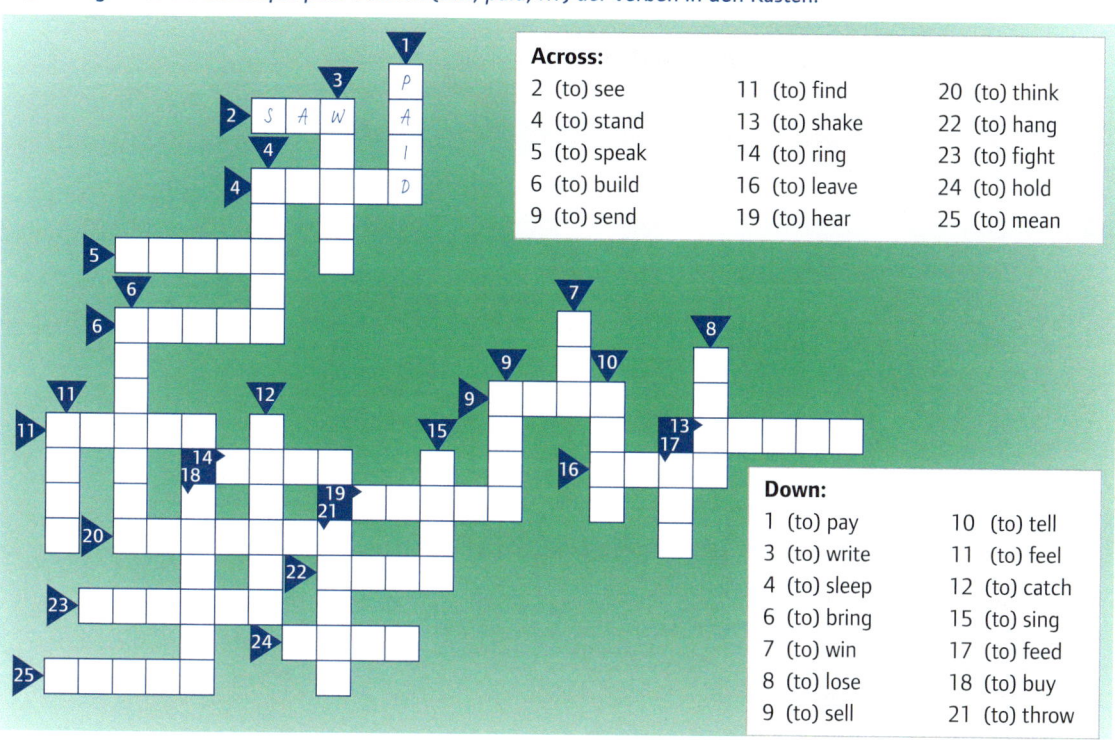

Across:

2 (to) see
4 (to) stand
5 (to) speak
6 (to) build
9 (to) send
11 (to) find
13 (to) shake
14 (to) ring
16 (to) leave
19 (to) hear
20 (to) think
22 (to) hang
23 (to) fight
24 (to) hold
25 (to) mean

Down:

1 (to) pay
3 (to) write
4 (to) sleep
6 (to) bring
7 (to) win
8 (to) lose
9 (to) sell
10 (to) tell
11 (to) feel
12 (to) catch
15 (to) sing
17 (to) feed
18 (to) buy
21 (to) throw

b) Hier geht es um die *past participles* (*given, flown, …*) der folgenden Verben.

Across:

3 (to) fly
4 (to) see
7 (to) shake
10 (to) grow
12 (to) drive
14 (to) ride
18 (to) eat
20 (to) bite
21 (to) wear
22 (to) write
23 (to) take
24 (to) begin

Down:

1 (to) give
2 (to) choose
4 (to) speak
5 (to) be
6 (to) fall
8 (to) draw
9 (to) forget
11 (to) break
13 (to) hide
15 (to) drink
16 (to) throw
17 (to) know
19 (to) ring

A crossword puzzle

Across:

4 *which* for things, *who* for …
7 German *unregelmäßiges* Verb = English … verb
8 word order in English
9 German *wessen* = English …
10 *eine neue Hose = a new … of trousers*
12 German *Possessivbegleiter* = English possessive …
15 German *Bedingungssatz* = English … sentence
16 *Adverb der Art und Weise = adverb of …*
18 infinitiv: *speak* – simple past form: …
19 German *Mengenangabe* = English …
21 noun: *presentation* – verb: *(to)* …
22 You use the going to-future for …
23 *Many* books but not … time

Down:

1 adjective: *good* – adverb: …
2 German *Hauptsatz* = English … *clause*
3 German *Frageanhängsel* = English *question* …
4 *mine, yours, hers, theirs* are possessive … …
5 German *Nebensatz* = English *subordinate* …
6 *Verlaufsform der Gegenwart = present* …
11 German *Hilfsverb* = English … *(verb)*
13 *Adverb der Häufigkeit = adverb of* …
14 adjective: *happy* – adverb: …
17 German *Artikel* = English …
20 *größer als = bigger* …

Register (Index)

Die Ziffern bezeichnen die **Abschnitte des *Grammar*-Teils** (nicht die Seitenzahlen).

Beispiel: *have to* 12.3 → Zu *have to* findest du etwas im Abschnitt 12.3.

([K]= Kontrast-Abschnitt, [!]= Abschnitt mit Warnsymbol)

Illustrationen
Roland Beier, Berlin (S. 6 oben; S. 8; S. 9; S. 10; S. 11; S. 12; S. 13 oben li. u. re.; S. 14; S. 18 oben; S. 22 oben; S. 25 oben; S. 26 oben, unten; S. 33 oben li. u. re., 2. Reihe v. oben li. u. re., 3. Reihe v. oben li. u. re.; S. 34; S. 36; S. 43 oben pigs; S. 45 oben; S. 47; S. 48; S. 49 cakes, milk; S. 50 unten li.; S. 51 oben; S. 52 unten; S. 58 unten; S. 59; S. 60; S. 61; S. 74; S. 77 oben (u. 78); S. 80; S. 85; S. 90 unten);
Cornelsen Schulverlage (S. 6 rainy, sunny, happy, sad, mindmap, unten; S. 7 oben); **Tobias Dahmen**, Utrecht, NL, www.tobidahmen.de (S. 13 unten; S. 15; S. 16 5. u. 6. v. oben; S. 17; S. 18 unten; S. 19; S. 20; S. 21; S. 22 Mitte, unten; S. 25 unten; S. 26 Mitte; S. 28; S. 29; S. 30; S. 31 unten; S. 32 Mitte u. unten; S. 33 unten li. u. re.; S. 35; S. 38; S. 39; S. 40; S. 41; S. 42; S. 43 oben re., snake, bee, unten; S. 44; S. 45 unten li. u. re.; S. 49 re.; S. 50 oben li. u. re., unten re.; S. 51 unten; S. 53; S. 57; S. 58 oben; S. 72; S. 75; S. 76; S. 77 unten; S. 79 oben; S. 81; S. 83; S. 84; S. 86; S. 87; S. 88; S. 90 oben; S. 91; S. 92; S. 94; S. 99; S. 101; S. 102; S. 103; S. 105); **Tom-Jonas Grove**, Haiger (S. 7 unten);
M. B. Schulz, Düsseldorf (S. 16 1. u. 2. u. 3. u. 4. v. oben; S. 27; S. 31 oben; S. 32 oben li. u. re.; S. 37; S. 45 Mitte li. u. re.; S. 52 oben Lucy, Maya, Sam, Justin; S. 79 unten Bild 1-5)

Titelbild
Trevor Burrows Photography, Plymouth (Cover photos EG Access 1+2)

Bildquellen
Trevor Burrows Photography, Plymouth (S. 14)